Henry Kolonko
und die Sache mit dem Finden

MAJA
KONRAD

HENRY KOLONKO

und die Sache
mit dem Finden

Mit Bildern von Stefanie Jeschke

CARLSEN-Newsletter: Tolle Lesetipps kostenlos per E-Mail!
Unsere Bücher gibt es überall im Buchhandel und auf carlsen.de.

© 2023 Carlsen Verlag GmbH,
Völckersstraße 14–20, 22765 Hamburg
Vermittelt durch Ulrike Schuldes, Agentur Brauer, München
Umschlag- und Innenillustrationen: Stefanie Jeschke
Umschlaggestaltung: formlabor
Lektorat: Wiebke Andersen-Oberschäfer
Layout, Satz und Herstellung: Karen Kollmetz
Lithografie: Margit Dittes
ISBN 978-3-551-55842-8

Wir produzieren nachhaltig
- Klimaneutrales Produkt
- Papiere aus nachhaltigen und kontrollierten Quellen
- Hergestellt in Deutschland

MIX
Papier | Fördert
gute Waldnutzung
FSC
www.fsc.org   FSC® C014496

AUCH ALS
HÖRBUCH BEI
SILBERFISCH

Für Arthur

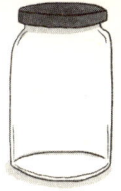

Inhalt

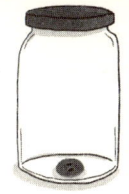

Brauner Gehstock mit See

Henry Kolonko fuhr mit dem Finger über die Namen auf den Klingelschildern der Mozartstraße 11.

Das war er! Er hatte ihn gefunden!

Ein aufgeregtes Kribbeln machte sich in Henrys Bauch breit.

Er betrachtete den braunen, stark verkratzten Gehstock in seiner Hand. Vorne prangte ein verbeultes Metallschildchen, auf dem ein Bergsee zu sehen war. »Alpsee« stand darunter. Auf der Rückseite hatte jemand in feinen Lettern »A. Zikowski« eingeritzt.

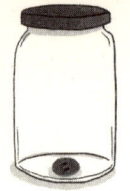

Henry hatte ihn im Clara-Park entdeckt, direkt neben der Bank am Spielplatz. Ein guter Fundort! Meistens fand er dort vergessene Regenschirme oder Lieblingskuscheltiere. Oder, wie letzten Sonntag, eben auch mal einen Gehstock.

Henry lehnte den Stock neben die Eingangstür, holte tief Luft und drückte auf den Klingelknopf.

Ein Moment verging. Leises Knistern.

»Hallo?«

Eine alte Stimme, wie vermutet.

»Ich hab ihn gefunden!«, rief Henry in die Ritzen des Lautsprechers.

Dann rannte er weg, so schnell er konnte.

Es dauerte eine Weile, bis ein gebeugter Mann in beigen Hosen und grauen Filzschlappen umständlich die Eingangstür der Mozartstraße 11 öffnete. Suchend blickte er sich um.

Dann fiel sein Blick auf den Gehstock. Seine Hand legte sich auf seinen Mund. Vorsichtig nahm er den Stock hoch und fuhr mit dem Finger über das Schildchen mit dem See.

Er blickte sich noch einmal um, bevor er, aufgestützt auf seinen Stock, wieder im Inneren verschwand.

Henry lugte hinter einem parkenden Auto auf der gegenüberliegenden Straßenseite hervor und lächelte.

Aus seinem Rucksack zog er ein dickes orangefarbenes Notizbuch. Mit einem Kugelschreiber, der wie ein Fisch aussah, notier-

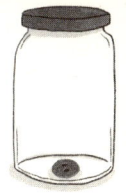

te er auf einer Liste neben »A. Zikowski – brauner Gehstock mit See«: RÜCKGABE. Dahinter setzte er einen Haken.

Zufrieden schlug er das Buch zu und blickte in den wolkenlosen Himmel. Rückgabetage waren gute Tage!

Beim Einbiegen in seine Straße sah Henry einen großen Umzugswagen vor dem Haus stehen. Drei Männer mit hochgekrempelten Ärmeln trugen gerade ein dunkelgrünes Sofa durch die Haustür.

Im Vorbeigehen warf Henry einen Blick in das Innere des Wagens: viele alte Möbel, ein Klavier, Zimmerpflanzen und – Henry stutzte – ein fliegender Elefant?

Auf der Ladefläche des Wagens stand tatsächlich eines dieser Fahrgestelle, wie es sie früher im Konsum gegeben hatte. Henry erinnerte sich noch. Man steckte einen Euro hinein und dann bewegte es sich.

Henry kam nicht dazu, sich weiter zu wundern, weil just in dem Moment eine schnarrige Stimme durch den Hauseingang schmetterte:

»Dass Sie hier nicht die Treppengeländer verkratzen!«

Henry verdrehte die Augen.

Herr Koriander aus dem Erdgeschoss.

Schnell quetschte sich Henry an den Umzugshelfern vorbei und eilte die Treppen nach oben. Er wollte dem ungeliebten Nachbarn auf gar keinen Fall in die Arme laufen.

Als Henry in die Wohnung kam, saß sein Papa schon am Küchentisch und studierte die Tageszeitung.

Ohne aufzusehen, fragte er: »Na, mein Junge? Einen schönen Tag gehabt heute?«

Er blätterte von der Seite mit den Weltnachrichten zu den Häuseranzeigen.

Henry griff nach einem Apfel aus der Obstschale, die in der Mitte des Tisches stand, und biss hinein.

»Ja. Hab den Besitzer vom Gehstock gefunden!«

Ein kleiner Tropfen Apfelsaft kullerte seinen Mundwinkel hinunter. Henry konnte ihn gerade noch mit dem Pulliärmel auffangen.

Die Nase seines Papas steckte mittlerweile in der Seite mit den Werbeangeboten.

»Nee«, sagte er und sah nun doch auf. »Ob die Schule gut war, meine ich.«

Er schob seine dicke runde Brille nach oben und lächelte.

Henry fiel auf, dass die Brille einen kleinen Sprung hatte. Direkt über der Nase.

»Die war okay.« Henry zuckte mit den Schultern.

Sein Papa sah so aus, als wollte er noch etwas fragen, ließ es dann aber sein.

Er bemerkte Henrys Blick auf seine Zeitung.

Seufzend faltete sein Papa die Seite 9 mit den Suchanzei-

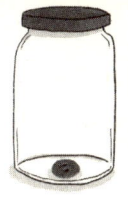

gen und schob sie über die vom Frühstück übrig gebliebenen Krümel.

»Hier«, sagte er und rieb sich die Stirn. »Wenn du irgendwas brauchst, gibst du Bescheid, ja?«

Henry kannte diesen Blick. Er hieß: »Ich weiß nicht, was ich sagen soll, aber ich weiß, dass deine Mutter so was in der Art gesagt hätte.«

Henry griff nach der Zeitung. Aber sein Papa hielt sie weiter fest.

»Das kostet einmal Müllrunterbringen«, sagte er und zwinkerte. Dann gab er die zusammengefaltete Seite frei.

Henry seufzte genervt.

»Mach ich nachher«, nuschelte er.

Er parkte den angebissenen Apfel zwischen den Zähnen, griff nach seinem Rucksack und schob sich die Anzeigenseite unter den Arm.

Dann machte er sich auf den Weg in sein Zimmer.

»Henry, warte mal!«, rief sein Papa ihm hinterher. »Malte hat vorhin angerufen. Hat gefragt, ob ihr Fußball spielen geht.«

»Keine Zeit«, antwortete Henry knapp, bevor seine Zimmertür laut ins Schloss rumste.

Die Insel

Erleichtert betrat Henry seine »Insel«. So nannte er sein Zimmer, weil er hier ganz in Ruhe nachdenken und einfach nur für sich sein konnte. Sein Papa kam nur selten rein, und wenn, dann klopfte er vorher.

Henry schob seinen blauen Sitzsack aus dem Weg und legte die ergatterte Zeitungsseite und den Apfel auf seinen Schreibtisch.

Aus seiner Hosentasche pulte er einen grünen Knopf.

Mit ausgestrecktem Arm nahm er ein großes Glas aus dem Regal neben seinem Schreibtisch und ließ sein Fundstück dort hineinfallen. Er schraubte den Deckel wieder zu und schüttelte es. Henry liebte das klickernde Geräusch, das die vielen bunten Knöpfe darin machten. »Hundertundvierundzwanzig«, murmelte er und stellte das Glas zurück.

Direkt daneben stand ein volles Trinkglas, aus dem ihn ein Gebiss angrinste.

»Hey, Bissy«, sagte Henry und klapperte mit den Zähnen. Er hatte es letzte Woche gefunden und fragte sich immer noch, wie jemand ein Gebiss verlieren konnte, ohne es zu merken. Auf einem Zettel, den er gefaltet neben das Glas gestellt hatte, stand »Karl-Liebknecht-Straße, Asia-Laden – 12. Mai«. Henry notierte sich so zu jedem Fundstück den genauen Fundort und das Datum. Das Ganze übertrug er dann auch noch fein säuberlich in sein orangefarbenes Notizbuch.

Auf dem unteren Regalbrett saßen nebeneinander aufgereiht große und kleine Kuscheltiere, die Henry in seinem Stadtviertel gefunden hatte:

Ein Elefant mit rosafarbener Schleife (»Fotoautomat – 1. Mai«) neben einem freundlich aussehenden Krokodil mit nur einem Auge (»Clara-Park-Spielplatz – 12. April«). Eins weiter ein grauer Schlappohrhase mit Halstuch (»Eingang Konsum – 14. Mai«), der sich an einen roten Papagei lehnte (»Fensterbank, Cems Späti – 5. März«).

Henry griff nach dem Papagei, knipste einen Schalter unter dessen Füßen an und setzte ihn zurück auf seinen Platz.

»Dann wollen wir mal sehen«, sagte Henry und der Papagei wiederholte mit krächzender Roboterstimme: »Dann wollen wir mal sehen.« Henry kicherte.

Er nahm einen großen Bissen von seinem Apfel und breitete kauend die Zeitungsseite auf seinem Schreibtisch aus.

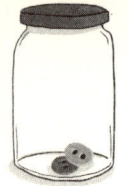

Ganz oben stand in dicken Buchstaben: **Ich suche**.

Mit einem Kribbeln im Bauch fing Henry an die Anzeigen von oben nach unten zu studieren:

> *Wer hat am 17. Mai aus Versehen einen schwarzen Herrenschirm beim Biergarten am Bayerischen Bahnhof mitgehen lassen? Bitte melden!*

> *Wir vermissen unsere Katze Mimi! Zuletzt gesehen: 16. Mai. Merkmale: grau-schwarz getigert, weißer Bauch. Kleiner Knick im rechten Ohr.*

> *Suche Schlüsselbund: verloren am 15. Mai, Nähe Burger King, Karl-Liebknecht-Straße. Neben zwei Haus- und Kellerschlüsseln ist ein sehr persönlicher Anhänger mit einer Minnie Maus daran (rosafarbene Schleife). Finderlohn garantiert!*

Henrys Herz fing an zu klopfen. Ein Minnie-Maus-Anhänger! Hatte er den nicht vorgestern gefunden?

Er blickte auf die große Korkpinnwand vor sich. Dort sammelte Henry all seine weiteren Fundstücke: Schals, Schnullerketten, eine kleine Hundeleine, auf der »Boss« stand, ein selbst bemaltes Federmäppchen und – jede Menge Schlüssel.

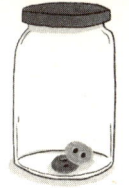

Henry hatte sie mit großen Nadeln nebeneinandergepinnt.

Mit den Fingern fuhr er durch die klimpernden Schlüsselbünde.

»Glitzerdelfin, Fotoanhänger, Legofigur, Eiffelturm ... Micky Maus!«

Enttäuscht betrachtete Henry die Comicfigur. Keine Schleife im Haar: Das war leider die falsche Maus.

Henry überflog die letzten Anzeigen in der Zeitung. Seine Aufregung war mittlerweile ganz verpufft.

Heute also kein Treffer.

Entschlossen pfefferte Henry den restlichen Apfel in den Papierkorb.

Morgen nach der Schule würde er Frau Sato besuchen!

Frau Sato

Dingeling machte die Tür, als Henry am nächsten Tag Frau Satos Laden betrat.

Wie immer roch es nach einer seltsamen Mischung aus Zoo- und Parfümladen.

»Hallo, mein Junge«, säuselte Frau Satos Stimme ihm entgegen. Von ihr selbst war dabei gar nichts zu sehen. Die kleine Dame wurde von ihrem aktuellen Kunden verdeckt: einem riesigen Pudel, der auf einem Metalltisch in der Mitte ihres Salons saß.

»Hallo, Frau Sato. Hallo, Paul«, antwortete Henry.

Er kannte den stattlichen Pudel, weil dieser alle sechs Wochen in den Hundefriseursalon von Frau Sato kam.

Der Pudel hechelte.

»Bin gleich bei dir«, flötete Frau Sato.

In das leise Surren der Schermaschine mischten sich die Klänge von Klaviermusik, die aus rosafarbenen Lautsprechern auf dem Fensterbrett kamen.

»Der Mozart beruhigt meine Kunden«, hatte Frau Sato mal zu Henry gesagt und dabei den Zeigefinger gehoben und wichtig genickt.

Henry nahm auf einem der weißen Plastikstühle am Rand Platz und ließ die Beine baumeln.

Wie es aussah, hatte Frau Sato ihren Salon wieder einmal umdekoriert. Statt der gewohnten übergroßen Plastikerdbeeren hatte Frau Sato nun überall pastellfarbene Kätzchen mit riesigen Kulleraugen platziert.

Henry beobachtete, wie die kleine Hundefriseurin mit dem schwarzen Haarknoten um Paul herumging. Nach den Beinen schor sie nun den Bauch und Rücken des weißen Pudels. Große Fellflocken schwebten zu allen Seiten herab und bildeten eine weiße Wolke auf dem grauen Fliesenboden.

»Machen Sie gut, Herr Paul«, sagte Frau Sato mit beruhigender Stimme und nickte.

Henry unterdrückte ein Kichern. Frau Sato siezte alle ihre Kunden.

»Nach der Hundeleine hat keiner gefragt, oder?«, erkundigte sich Henry und dachte an die kleine Leine an seiner Pinnwand, auf der in großen Buchstaben »Boss« stand.

»Tut mir leid, mein Junge.« Frau Sato schaltete ihre Schermaschine aus und schüttelte den Kopf. »War auch nicht vom kleinen Herrn Bello.«

Sie drehte sich wieder zu dem Pudel und klickte an ihrer Schermaschine herum.

»Was ist hier los?«, fragte sie.

Sie schüttelte den Scherkopf hin und her, aber das leise Surren wollte nicht wieder einsetzen.

Frau Sato legte ihr Arbeitsgerät ab und stemmte beide Hände in die Seite.

»Herr Paul, was machen wir denn jetzt?«

Henry kam zu ihr.

Der riesige Pudel sah beide aus großen Augen an und winselte.

»Herr Paul sieht jetzt aus wie ein Löwe«, flüsterte Henry Frau Sato zu, damit Herr Paul ihn nicht hören konnte.

Und Henry hatte recht: Der Hund war überall geschoren, nur der Kopf war noch über und über voll mit weißen Locken.

»Stimmt, mein Junge, stimmt«, sagte Frau Sato und kicherte in ihren Handrücken. »Gut, Herr Paul, dann dürfen Sie jetzt schon runter.«

Die kleine Dame hob den Pudel vorsichtig vom Tisch und führte ihn zu einem Fressnapf, in den sie schon etwas Trockenfutter gefüllt hatte.

Dann verschwand sie durch einen Vorhang aus rosafarbenen Muschelbändern, die leise klimperten.

»Schaust du hier«, sagte Frau Sato, als sie wenig später wieder zurückkam.

Sie hielt zwei Blätter in der Hand, die sie Henry reichte. »Sind ganz frisch reingekommen. Schaust du mal, ob was für dich dabei ist.«

Henry strahlte. Auf Frau Sato war Verlass. Sie nahm immer jeweils zwei der Vermissten- und Such-Plakate, die die Leute zu der Hundefriseurin brachten. Eines hängte sie in die Tür ihres Ladens. Das andere bekam Henry.

»Danke, Frau Sato«, sagte Henry und blickte auf das Gesicht einer Katze, das ihn vom ersten Blatt aus anguckte.

»Ist die Mimi«, sagte Frau Sato und nickte in Richtung der Katze. »Arme Besitzerin von der Mimi. War ganz durchgemixt.«

Henry verkniff sich ein Grinsen. Frau Sato benutzte oft falsche Wörter.

Mit einem großen Besen in der Hand machte sie sich daran die weiße Wolke auf dem Boden wegzufegen.

Paul schlabberte im Hintergrund etwas Wasser.

»Ich muss dann auch los«, sagte Henry und hielt die Blätter hoch.

»Ich weiß, mein Junge, ich weiß«, schmunzelte Frau Sato. »Komm nur wieder.«

Dingeling machte da auch schon die Tür und Pauls Besitzer kam herein. Henry nutzte die Gelegenheit und huschte hinaus.

Nicht ohne die großen Augen zu bemerken, die der Pudelbesitzer beim Anblick seines frisch geschorenen Löwen bekam.

»Haben heute etwas Neues probiert«, hörte Henry Frau Sato noch sagen, ehe die Tür mit erneutem Bimmeln ins Schloss fiel.

Auf dem Weg nach Hause setzte Henry sich auf eine der Bänke auf dem Kirchplatz.

Er studierte die beiden Blätter mit den Suchanzeigen.

Die erste war also für die Katze, die am Tag zuvor auch schon in der Zeitung gestanden hatte: Mimi, grau-schwarz getigert, weißer Bauch, Knick im rechten Ohr.

Henry fuhr mit dem Finger über das Ohr auf dem Bild. Tatsächlich war es wie bei einem Schlappohr einfach nach unten abgeknickt.

In der zweiten Anzeige suchte eine Band eine Sängerin. Dabei

konnte Henry leider nicht helfen. Er legte die Anzeige gut sichtbar neben sich auf die Bank und beschloss nach Hause zu gehen.

Als Henry durch den Hauseingang schlurfte, verrieten nur
noch ein paar abgefallene Zimmerpflanzenblätter am Boden,
dass am Tag zuvor jemand Neues in ihr Haus eingezogen war.

Henry dachte an den fliegenden Elefanten. Früher oder später
würde er herausfinden, wem er gehörte.

Dass dies schon am nächsten Tag der Fall sein würde, konnte
Henry da noch nicht ahnen.

Pippa Glockenstein

Und so war es ein Mittwoch im Mai, als Pippa Glockenstein in Henry Kolonkos Leben trat. Genauer gesagt sprang sie sogar.

Henry war gerade aus der Schule gekommen und stapelte die Post aus dem Briefkasten auf seiner Hand, als hinter ihm im Hauseingang ein lautes »Jiha!« ertönte, zusammen mit dem lauten Knallen von Turnschuhen auf dem Fliesenboden.

Vor Schreck fiel Henry sein sorgsam aufgetürmter Briefhaufen aus den Händen. Er bückte sich und fing an, alles zusammenzusuchen. Dabei blickte er auf gelbe Turnschuhe mit roten Punkten. Die Punkte sahen verdächtig nach Filzstift aus. Der eine Fuß tippte.

Henry ließ den Blick nach oben wandern. In den Turnschuhen steckten ein Paar blaue Leggins mit kleinen Regenbögen. Darüber ein Pullover, auf dem ein Tier das Maul aufriss. Henry kam nicht mehr dazu herauszufinden, um was für ein Tier es sich handelte. Denn das Wesen mit den Punkteschuhen sprach.

»Hallo, ich bin Pippa Glockenstein. Wir wohnen jetzt hier.«

Das Mädchen streckte ihm die Hand entgegen und lächelte. Sie lächelte so breit, dass sich ihre Ohren dabei hoben. Henry hatte das mal bei seiner Tante gesehen und fand es gruselig.

Wortlos schob Henry die letzten Briefe zusammen.

»Wir wohnen auf der zwei und ich habe ein Meerschweinchen«, fuhr Pippa fort. »Es heißt Einstein. Möchtest du es mal streicheln?«

Henry stand auf und starrte in Pippas grüne Augen. Rund um die Pupillen tummelten sich kleine braune Sprenkel.

»Mama ist noch auf der Arbeit, aber Papa ist zu Hause. Wir könnten also sogar einen Film schauen.«

Pippa zwinkerte und Henry sah, wie sich dabei nur das rechte Ohr hob. Dann wieder beide. Pippa lächelte.

»Na gut, vielleicht ein andermal. Ich muss dann jetzt los, Kisten auspacken.«

Pippa Glockenstein drehte sich um und hüpfte die Treppen rauf.

»War schön dich kennenzulernen, Briefmann.« Auf dem ersten Treppenabsatz drehte sie sich noch einmal um. »Wir werden richtig gute Freunde. Das hab ich im Gefühl!«

Damit war sie verschwunden.

Henry schob seine Haare hinter die Ohren und fragte sich, ob er das gerade geträumt hatte.

»Die neuen Nachbarn sind nett, oder?«

Henrys Papa rührte in einer Tomatensoße und angelte gleichzeitig eine Spaghetti aus einem anderen Topf. Wie ein Schwertschlucker ließ er sie in den Mund gleiten.

»Hab bisher nur das Mädchen getroffen«, sagte Henry und stellte zwei tiefe Teller auf den Tisch. »Die ist komisch.«

Henrys Papa drehte sich um. »Komisch?«

»Redet viel«, antwortete Henry und riss zwei Blätter von der Küchenrolle ab.

»Na, dann passt ihr ja bestens zusammen«, sagte sein Papa zwinkernd und stellte die noch blubbernde Tomatensoße auf den Tisch.

Nach dem Essen packte Henry seinen Rucksack. Er hatte bis zum Abendbrot Zeit, um nach der Katze Ausschau zu halten und den Schlappohrhasen zurückzubringen.

Während er sein Notizbuch in den Rucksack stopfte, klingelte es an der Tür.

Henry hörte, wie sein Papa durch den Flur lief und öffnete.

»Haben Sie einen Jungen?«

»Hallo«, hörte Henry seinen Papa sagen. »Ja, den habe ich.«

»Hat er Zeit, mit rauszukommen?«

»Ähm, vielleicht. Warte mal.«

Henry runzelte die Stirn. Das war diese Pippa. Die hatte vielleicht Nerven, hier einfach so aufzutauchen!

26

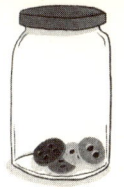

»Hey«, sagte sein Papa. Er stand mittlerweile in Henrys Zimmertür. »Das neue Mädchen aus dem Haus ist hier.« Er deutete in Richtung Flur.

»Ich heiße Pippa!«, kam es von dort.

»Also gut. Pippa steht vor der Tür. Sie fragt, ob du Lust hast, mit rauszukommen.«

Henry schüttelte den Kopf. Er hatte was anderes vor. Er würde auf seine Tour gehen. Und zwar allein.

»Das geht nicht«, sagte er im Flüsterton. Zum Beweis hob er seinen Rucksack.

Sein Papa zog die Augenbrauen hoch.

Aber Henry schüttelte noch mal den Kopf.

Er hörte, wie sein Papa Pippa erklärte, dass sein Sohn gleich losmüsse, auf Erkundungstour. Kurz darauf fiel die Wohnungstür ins Schloss.

Das war gerade noch mal gut gegangen. Hoffentlich kommt sie jetzt nicht jeden Tag, dachte Henry und schloss seinen Rucksack mit einem lauten Klick.

Als er eine Viertelstunde später das Treppenhaus nach unten hüpfte und in den Hausflur einbog, gab es die nächste Überraschung.

Durch die Glasfenster der Haustür konnte Henry sehen, dass Pippa draußen auf der Straße stand. Sie sah aus, als warte sie auf etwas. Oder jemanden.

Henry duckte sich schnell. Das durfte doch wohl nicht wahr sein!

Er saß weiter geduckt und überlegte. Er konnte umdrehen und durch den Hinterhof gehen. Ja, das war eine gute Idee.

Andererseits war das auch ein bisschen peinlich, sich so anzustellen. Er hatte hier schließlich zuerst gewohnt und er würde auch weiterhin durch die Vordertür gehen! Er würde nur kurz »Hallo« sagen und dann weiter.

Entschlossen stand Henry auf, zog die Riemen von seinem Rucksack stramm und ging zur Haustür.

»Hallo, Nachbar«, sagte Pippa und empfing ihn mit einem breiten Lächeln. Beide Ohren auf Anschlag. »Dein Papa hat gesagt, du gehst auf eine Erkundungstour?«

»Stimmt«, sagte Henry und ärgerte sich sogleich über sich selbst. Bloß keine Unterhaltung anfangen. Ein knappes »Hallo« und dann weiter – das war doch der Plan gewesen.

Er schielte auf den Haarreif, den Pippa jetzt trug. Graue Katzenohren mit weißem Flausch.

»Ich liebe Erkundungstouren!«, sagte Pippa mitten in seine Gedanken hinein. »Ich habe uns Proviant eingepackt.«

Zum Beweis nahm sie ihren türkisfarbenen Rucksack vom Rücken, öffnete ihn und hielt ihn Henry direkt unter die Nase.

»Salzstangen, Lebkuchen und O-Saft.«

Sie strahlte.

»Lebkuchen?«, fragte Henry.

»Ja, die hat mein Papa gemacht. Er sagt, bis Weihnachten muss das Rezept stimmen, also übt er jetzt schon mal.«

»Verstehe«, sagte Henry und verstand eigentlich gar nichts.

»Ich muss jetzt los«, sagte er deshalb und drehte sich in Richtung Kirchplatz, um die Straße zu überqueren.

»Wohin gehen wir zuerst?«, fragte Pippa, den Rucksack wieder auf dem Rücken, die Daumen an den Riemen.

Wie eine Pfadfinderin, ging es Henry durch den Kopf.

»*Ich* gehe jetzt los und suche etwas.«

»Spannend!«, sagte Pippa und nickte. »Das klingt nach einem echten Abenteuer.«

Wie eine Pfadfinderin mit Abzeichen, dachte Henry.

Er überlegte. Warum schaffte er es einfach nicht, ihr zu sagen, dass er allein losgehen wollte?

Das ärgerte ihn.

Die Kirchturmuhr schlug zweimal. Henry sah zu dem großen Ziffernblatt hinauf. Es war schon halb vier.

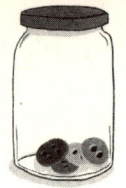

Wenn er hier noch lange rumtrödelte, würde ihm die ganze wertvolle Zeit verloren gehen. Das ärgerte ihn noch mehr.

Na gut, dachte er. Aber nur dieses eine Mal.

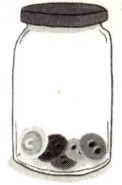

Grauer Hase mit Halstuch

»Also. Wonach halten wir Ausschau?«, fragte Pippa, als sie die Karl-Liebknecht-Straße in Richtung Süden gingen. Dabei hüpfte sie umständlich über jeden einzelnen Gullydeckel.

Wortlos drückte Henry ihr das zusammengefaltete Vermisstenplakat von Mimi in die Hand.

»Ist die süß!«, entfuhr es Pippa. »Sie hat ja ein Knickohr! Genau wie Charlie.«

Henry sah sie von der Seite an.

»Das war unser Mops. Er ist letztes Jahr gestorben.« Sie blickte weiter auf das Plakat.

»Das tut mir leid«, sagte Henry.

»Danke«, antwortete Pippa. »Ich war noch nie so traurig. Ein schwarzes Gefühl. Ein bisschen wie ein tiefer Brunnen.«

Henry zog die Augenbrauen hoch.

»Mama sagt, über Gefühle reden hilft. Und sie beschreiben hilft noch mehr.«

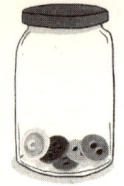

»Aha«, sagte Henry. Er wusste nicht, was er sonst dazu sagen sollte.

»Sie ist Psychologin«, sagte Pippa und zuckte mit den Schultern. »Das heißt, sie redet ganz viel mit Leuten, die oft traurig sind oder viele Ängste haben.«

Pippa faltete das Plakat und gab es ihm zurück.

»Wir brauchen Köder«, sagte sie. Nun wieder fröhlich.

»Köder?«

»Ja klar!« Pippa nickte heftig. »Wir legen die hier im ganzen Viertel aus. Und spätestens am Abend kommt Mimi raus und holt sich die.«

Henry überlegte. Die Idee war gar nicht schlecht.

»Und in der Nacht legen wir uns auf die Lauer und fangen sie«, fuhr Pippa fort.

Okay, sie hat echt einen Knall, dachte Henry.

»Das erlaubt mein Vater nie«, sagte er.

Pippa sah ihn an, als wäre er derjenige mit dem Knall.

»Wir erzählen das doch nicht zu Hause!« Sie lachte, als wäre dies das Selbstverständlichste der Welt.

Henry blieb stehen und sah sie an. Sie meinte das wirklich ernst.

»Ich denk drüber nach«, sagte er und wunderte sich über sich selbst.

Dann deutete er die Braustraße runter.

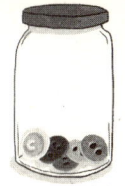

»Wir müssen da entlang. Ich muss noch was zurückgeben.«

Nach drei weiteren Gullydeckeln und vielen Ideen von Pippa, was sich als Katzenköder eignen würde, blieben sie bei der Hausnummer 17 stehen. Henry studierte das Klingelschild und holte sein Notizbuch aus dem Rucksack.

Auf einer Seite mit vielen, winzig klein geschriebenen Namen strich er einen davon durch und schrieb einen neuen darüber.

»Was machst du da?«, wollte Pippa wissen.

»Datenpflege«, antwortete Henry. »Erkläre ich ein andermal.« Damit steckte er seinen Fisch-Kugelschreiber zurück in den Rucksack und zog den Stoffhasen hervor. Das graue Fell war an vielen Stellen abgewetzt und um den Hals trug der Hase ein blassgrünes Halstuch.

»Ohhh, ist der niedlich! Ist das deiner?«

Henry ging nicht auf Pippas Frage ein.

Er kontrollierte das Etikett. Mit großen Kugelschreiber-Buchstaben, aber kaum noch leserlich, stand dort der Name »Bietigheim«.

Er fuhr mit dem Finger über die Klingelschilder und nickte. »Bietigheim« – der dritte Name von oben. Diesen Namen gab es laut seinen Klingelschildlisten auf jeden Fall nur einmal im Viertel. Er musste richtigliegen.

Henry setzte den Hasen vorsichtig neben die weiße Eingangstür, strich die Schlappohren glatt und klingelte.

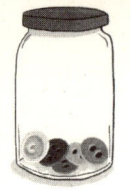

Es dauerte keine zwei Sekunden, bis eine gestresste Frauenstimme antwortete. »Ja?«

»Ihr Hase sitzt vor der Tür«, sagte Henry in Richtung Lautsprecher.

»Mein was?«

Henry schnappte sich seinen Rucksack und stupste Pippa an, damit sie ihm folgte.

»Wo willst du denn hin?«, fragte sie.

In aller Seelenruhe betrachtete sie sich in der gläsernen Eingangstür und rückte ihren Katzenohr-Haarreif zurecht. Dann hauchte sie gegen die Scheibe und malte ein Katzengesicht in den Fleck.

Henry wurde nervös. Die Frau würde jeden Moment kommen.

»Wir verpassen sie doch sonst«, sagte Pippa und wurde im nächsten Moment auch schon von Henry weggezogen.

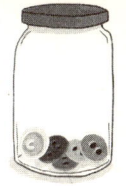

Verdattert ließ Pippa sich mitziehen und die beiden knieten sich hinter ein dickes weißes Wohnmobil auf der gegenüberliegenden Straßenseite.

Pippa kicherte. »Was soll das Ganze?«

Henry lugte hinter dem Wohnmobil hervor und flüsterte: »Wir sehen, ob ich recht hatte.«

Pippa schaute hinter ihm auch ums Eck.

Es dauerte nicht lange und eine junge Frau mit wild zusammengeknoteten Haaren und einem kleinen Jungen an der Hand öffnete die Haustür.

Die Frau sah sich um und rieb sich den Nacken.

»Gehört der Hase dem Jungen?«, wollte Pippa wissen.

»Nicht so laut!«, zischte Henry und legte den Finger an den Mund.

Da ertönte ein freudiges Quietschen. Der Junge hatte den kleinen Stoffhasen entdeckt.

Überrascht sah die Mutter zu ihrem Jungen. Er drückte den Hasen fest an sich und streichelte ihm über die langen Ohren.

Henry lächelte. Dann zog er sein Notizbuch aus der Tasche und blätterte zu der Seite mit seinen aktuellen Fundstücken.

Hinter »Bietigheim – grauer Hase mit Halstuch« notierte er RÜCKGABE und machte einen Haken.

Pippa sah ihm neugierig über die Schulter.

»Sind das alles Sachen, die jemand verloren hat?«

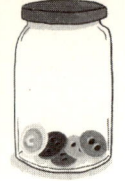

Sie deutete auf die Liste.

»Ja«, murmelte Henry und klappte sein Notizbuch rasch wieder zu.

Unter lauten »Hasi!«-Rufen verschwanden der Junge, sein Hase und seine Mama wieder im Haus.

»Das war spannend!«, sagte Pippa und klatschte in die Hände. Dann wurde sie still. »Aber wieso gibst du die Sachen nicht persönlich zurück? Die freuen sich doch! So viele schöne, bunte Gefühle!«

Henry stand auf und klopfte sich die Knie ab.

Darüber hatte er noch nie so genau nachgedacht. Es war einfach so, wie er es schon immer mit seinen Fundstücken machte. So, wie er es machte, seit er denken konnte.

»Da ist sie!«, rief Pippa.

Henry sah erschrocken auf. Pippa deutete aufgeregt die Straße hinauf.

»Mimi, mit dem Knickohr!«

Henry konnte nur noch eine grau-schwarz getigerte Schwanzspitze erkennen.

»Hinterher!«, rief er und die beiden rannten los.

Expertin für Geheimschriften

Mit wackelnden Rucksäcken hechteten sie die Braustraße hinauf bis zu der Ecke, an der die Katze abgebogen war.

Sie blieben stehen und blickten über den geschotterten Parkplatz mit Leihautos.

Zwischen den roten Fahrzeugen war nichts zu entdecken.

Henry und Pippa liefen vorsichtig über die knirschenden Steine. An jedem Auto blieben sie stehen und sahen darunter.

»Hier ist sie nicht«, sagte Henry.

»Hier auch nicht«, rief Pippa vom anderen Ende des Platzes.

Als sie alle Fahrzeuge gecheckt hatten und noch immer keine Mimi in Sicht war, ließen sie sich auf die Steinmauer sinken, die den Parkplatz umgab.

»Fehlanzeige«, sagte Henry und stellte seinen Rucksack ab.

»Aber immerhin haben wir sie gesehen«, sagte Pippa und kramte eine grüne Box aus ihrem Rucksack hervor. »Und jetzt machen wir ein Picknick.«

Sie hielt ihm eine Mischung aus Lebkuchenbröseln und zerbrochenen Salzstangen hin.

»Schmeckt am besten gemischt«, sagte Pippa und steckte sich ein großes Stück Lebkuchen zusammen mit vielen kleinen Salzstangenstückchen in den Mund.

Henry sah ihr wortlos zu. Jemanden wie Pippa hatte er noch nie getroffen.

Träumerisch verdrehte Pippa die Augen und sagte mit vollem Mund: »Mein Papa ist der beste Bäcker weit und breit.«

Da fiel Henry etwas ein.

»Gehört dir der fliegende Elefant?«

Pippa hörte auf zu kauen. Dann schluckte sie einmal laut und grinste.

»Jupp, der gehört mir.« Sie nahm einen weiteren Brocken Lebkuchen und garnierte ihn mit Salzstangenstückchen. »Hat Papa mir gekauft, als ich noch klein war. Aber ich mag ihn immer noch. Deshalb darf er bleiben.«

Sie zuckte mit den Schultern und schob sich den Lebkuchen-Salzstangen-Igel in den Mund. »Kanft ihn gern mal benupfen«, sagte sie.

»Nee, schon okay«, sagte Henry und fischte sich einen Lebkuchenkrümel aus der Dose.

Pippa hatte recht: Ihr Papa konnte wirklich gut backen.

Kauend zog Pippa eine Plastiktüte aus ihrem Rucksack. Darin

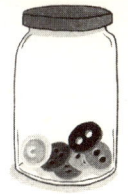

waren drei große Kreidestücke eingewickelt. Sie nahm eine hellgrüne Stange heraus und malte eine Reihe Zeichen auf das Stück Mauer zwischen ihnen.

»Ich markiere die Stelle«, erklärte sie, ohne dass Henry gefragt hatte. »Dann wissen wir, wo wir Mimi das letzte Mal gesehen haben.«

Henry sah sich die Zeichen genauer an. Neben Kringeln, Kreisen und Vierecken entdeckte er so etwas wie einen kleinen Katzenkopf und eine Eule.

»Ich bin Expertin für Geheimschriften«, sagte Pippa weiter und drückte einen Punkt hinter das letzte Zeichen. Ein kleines grünes Kreidehäufchen entstand.

»Kannst du auch Geheimschriften von anderen lesen?«, fragte Henry. Er hatte noch nie jemanden getroffen, der sich mit so etwas auskannte.

»Fast alle«, antwortete Pippa.

Sie stand auf und klatschte sich den Kreidestaub von den Händen. »Und jetzt besorgen wir die Köder.«

In der Zoohandlung kauften Henry und Pippa drei Packungen Leckerlis – Ente mit Karotte, Rind mit Thunfisch und eine Packung Knusperkringel mit Lachsfüllung. »Wenn ich Katzenfutter herstellen würde, gäbe es bei mir ›Maus in Gelee‹ und ›Ratte mit Zierfisch‹«, verkündete Pippa auf dem Rückweg.

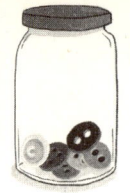

Dabei piepste sie wie eine Maus und machte im nächsten Moment den Mund auf und zu wie ein dicker Fisch.

Henry konnte nicht anders und musste lachen.

Als die beiden auf dem Kirchplatz ankamen, sahen sie an ihrem Haus hoch.

»Wo ist eigentlich deine Mama?«, wollte Pippa mit Blick auf das oberste Stockwerk wissen.

»Ist gestorben«, antwortete Henry. Er kickte einen Stein weg. »Vor fünf Jahren.«

Pippa beobachtete ihn von der Seite. Als Henry nichts weiter sagte, legte sie ihm kurz ihre Hand auf die Schulter.

»Das tut mir ehrlich leid«, sagte sie. Dann kickte auch sie einen Stein weg.

Henry kratzte sich am Kopf und sah auf den Beutel in Pippas Hand.

»Also, wann legen wir die aus?«

Pippa grinste. »Am besten gleich.«

Sie hatten besprochen, dass sie die Köder auf dem Kirchplatz auslegen würden. Der war Tag und Nacht beleuchtet, und sie konnten von ihren Kinderzimmerfenstern aus auf den Platz sehen. Das war eine Lösung, die auch für Henry in Ordnung war. Sein Vater hätte es auf jeden Fall gemerkt, wenn er nachts nicht in seinem Bett lag.

Henry würde die erste Schicht übernehmen. Von 20 bis

22 Uhr. Danach würde Pippa zwei Stunden den Platz überwachen.

»Nach Mitternacht schlafen auch die Katzen«, hatte Pippa sehr überzeugend erklärt.

Henry hatte selbst nie ein Haustier gehabt, deshalb glaubte er ihr einfach.

Nachdem sie die Köder auf den Bänken und den Stufen zur Kircheneingangstür verteilt hatten, markierte Pippa alle Stellen mit einem Kreis aus Geheimschriftzeichen. Henry erkannte kleine Enten, Fische und Hühner.

»Also«, erklärte Pippa wichtig. »Wir machen es wie abgemacht. Wenn du Mimi siehst, rufst du bei uns an, und wenn ich sie sehe, rufe ich bei euch an. Und wir lassen es nur einmal klingeln!«

Mit Henrys Fisch-Kugelschreiber schrieben sie sich vor der Haustür gegenseitig ihre Festnetznummern auf die Handinnenflächen.

»Und dann schleichen wir uns auf den Kirchplatz«, sagte Pippa und blickte zufrieden auf ihre Hand.

Henry war es nicht ganz wohl bei der Sache. Aber er wollte Mimi auf jeden Fall finden und ihrer Besitzerin zurückbringen.

Im Hausflur strich Pippa über die Verzierungen an den Wänden. Neben weißen Engelsgesichtern wanden sich dort Schlangen um goldene Stangen. Henry fielen sie das erste Mal wirklich auf.

»Die sind toll, oder?«, sagte eine Stimme hinter ihnen. Henry drehte sich um und sah eine zweite Pippa vor sich, nur in erwachsen.

Die Frau war in etwa so groß wie sein Papa und trug einen langen Mantel mit großen Blumen darauf. Grüne Augen mit braunen Sprenkeln sahen ihn freundlich an.

Henry versuchte, sie sich mit einem Katzenohr-Haarreif vorzustellen.

»Ich mochte die früher auch schon«, sagte die Frau und fuhr über den Kopf einer Schlange.

»Mama hat als Kind schon mal hier gewohnt«, erklärte Pippa und umarmte ihre Mutter.

»Und du wohnst auch hier im Haus?«, fragte Pippas Mama ihn.

Henry konnte nicht sagen, warum, aber er mochte sie auf Anhieb. »Ja«, antwortete er knapp.

»Henry redet nicht gern«, flüsterte Pippa ihrer Mama zu.

»Das macht nichts. Ich mag Menschen, die wenig reden, genau so gern wie Menschen, die viel reden.« Pippas Mama lächelte. Dann wirkte sie nachdenklich. »Henry ... sehr schöner Name.«

Sie schüttelte sich und war im nächsten Moment wieder aus ihren Gedanken aufgetaucht.

»So, Schätzchen, dann komm mal mit. Papa wartet bestimmt schon mit dem Essen auf uns.« Sie legte ihren Arm um Pippa.

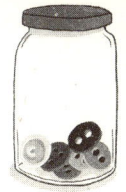

»War schön, dich kennenzulernen, Henry. Und komm doch gerne mal zum Essen bei uns vorbei.«

Henry nickte.

Als die beiden weitergingen, drehte Pippa sich noch einmal um. Sie hielt sich einen unsichtbaren Hörer ans Ohr und deutete gleichzeitig auf ihre Katzenohren.

Henry hob den Daumen.

Dabei war er sich gar nicht mehr so sicher, ob er überhaupt wollte, dass nachher das Telefon bei ihnen klingelte.

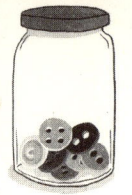

Mission Mimi

Nach dem Abendessen verschwand Henry direkt auf sein Zimmer.

Es war 19:30 Uhr und er beschloss, jetzt schon nach Mimi Ausschau zu halten.

Auf ein Kissen aufgestützt, beobachtete er die Leute auf dem Platz. Neben ein paar Jugendlichen, die in Gruppen auf und vor den Bänken saßen, spielten eine Mama und ihre Tochter Fußball. Auf den Treppen zur Kirche hockten zwei Frauen mit einem aufgeklappten Pizzakarton zwischen sich.

Von Mimi keine Spur.

»Da ist noch viel zu viel los«, murmelte Henry.

Er musste an den Nachmittag denken und wie sie zu zweit den Hasen zurückgebracht hatten. Er kannte niemanden, der so viel redete wie Pippa. Trotzdem war es eigentlich ein schöner Tag gewesen.

Henry wartete und schaute. Und schaute und wartete.

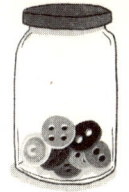

Gegen 21:30 Uhr stibitzte sich ein großer schwarzer Hund etwas von den Leckerlis. Sonst passierte gar nichts.

Inzwischen war es dunkel und nur noch ein einzelnes Pärchen saß auf einer Bank.

Noch immer keine Mimi in Sicht.

Henrys Augen wurden schwer.

Er setzte sich aufrecht hin, entschlossen, seine Schicht zu Ende zu bringen.

Vielleicht ist Mimi auch ganz woanders unterwegs, dachte er noch, dann nickte er ein.

Ein lautes Telefonklingeln ließ ihn hochschrecken.

Es hatte nur einmal geklingelt!

Henry war sofort hellwach. Sein Wecker zeigte 22:23 Uhr an.

Er rieb sich die Augen und sah sogleich aus dem Fenster.

Tatsächlich: Dort unten saß Mimi inmitten eines Kreises aus Geheimschrift und knabberte Leckerlis.

Henrys Herz fing an schneller zu schlagen.

Sollte er jetzt wirklich auf den Platz gehen? Um diese Uhrzeit?

Er überlegte kurz. Dann schnappte er sich seine Jacke vom Schreibtischstuhl, schlüpfte in seine Turnschuhe und trat leise in den Flur.

Aus dem Wohnzimmer hörte er den Fernseher und – lautes Schnarchen von seinem Papa. Zum Glück! Das Klingeln hatte ihn nicht geweckt.

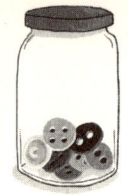

Das könnte klappen!

In Zeitlupe öffnete Henry die Wohnungstür, schob sich hindurch und schloss sie wieder. Nur ein leises Klicken war zu vernehmen.

»Huhu«, hörte er hinter sich und erschrak fast zu Tode.

Hinter ihm im dunklen Hausflur stand Pippa und hielt sich eine Taschenlampe unter das Gesicht. Seine neue Nachbarin sah aus, als wollte sie gleich eine Tankstelle überfallen. Sie war ganz in Schwarz gekleidet: schwarze Gummistiefel, schwarze Leggins und darüber eine schwarze, viel zu lange Jacke. Bestimmt von ihrer Mama, dachte Henry.

Ihre langen Haare hatte Pippa unter einer dunklen Mütze versteckt. Auf der Nase trug sie eine Sonnenbrille.

»Wieso?«, fragte Henry und deutete auf die Brille.

»Ich dachte, damit erkennt mich keiner.« Sie nahm die Brille ab und steckte sie auf die Mütze. »Aber eigentlich ist das Quatsch. Ich kann damit ja gar nichts sehen. – Bereit?«, fragte sie.

Henry überlegte kurz.

»Bereit«, sagte er dann.

»Also los!«

Auf leisen Sohlen schlichen sie durch das dunkle Treppenhaus.

Die beiden traten auf den Bürgersteig und sahen sich um. Kein Mensch in Sicht.

Hastig überquerten sie die Straße und blieben auf der anderen Seite stehen.

Henry hielt Pippa am Arm fest und deutete in Richtung Kirchplatz. Mimi saß noch immer an der gleichen Stelle und fraß ihre Leckerlis.

»Die hat richtig dolle Hunger«, sagte Pippa mitleidig. Ausnahmsweise leise.

»Ja«, sagte Henry. Und dann fiel ihm ein, was sie überhaupt nicht bedacht hatten: »Wie fangen wir sie denn überhaupt?«

»Wir schleichen uns ganz langsam an und locken sie. Wenn sie kommt, um sich streicheln zu lassen, schnappen wir sie.«

Mit langsamen Schritten gingen Henry und Pippa weiter auf Mimi zu. Ein paar Meter von ihr entfernt gingen sie in die Hocke und hielten ihr die Hände hin.

Pippa schnalzte mit der Zunge.

Und tatsächlich: Mimi hob den Kopf und schaute sie neugierig an.

»Komm her, Mimi«, säuselte Pippa mit ruhiger Stimme.

Die Katze machte einen vorsichtigen Schritt auf sie zu und kam näher.

Das sieht gut aus, dachte Henry. In seinem Bauch kribbelte es vor Aufregung.

Als Mimi nur noch eine Armlänge von ihnen entfernt war, passierte es: ein lautes Klirren!

Vor der Kneipe am Ende der Straße hatte jemand eine Flasche fallen lassen.

Erschrocken blieb Mimi stehen und spitzte die Ohren. Ihre Augen wurden riesengroß. Und dann rannte die grau-schwarz getigerte Katze in einem Affentempo davon und tauchte in den Schatten der Kirche ein.

»Warte, Mimi!«, rief Pippa. Sie blickte der Katze nach.

»Die traut sich heute nicht mehr raus«, sagte Henry und merkte, wie sich ein großes Gefühl der Enttäuschung in ihm breitmachte.

»Das war so was von knapp!«, sagte Pippa und ließ ihre Schultern hängen. »Aber mein Papa sagt immer: niemals aufgeben. Bestimmt finden wir sie ein andermal.«

»Hey, was macht ihr denn hier?«

Oje, dachte Henry. Die schnarrige Stimme kannte er.

Hinter ihnen war Herr Koriander aus dem Erdgeschoss aufgetaucht. Er schwankte leicht.

»Ihr Gören gehört um diese Uhrzeit ins Bett!«, brummte er. »Wissen eure Eltern, dass ihr euch hier noch rumtreibt?«

Er machte ein seltsames Hochziehgeräusch. So als würde er Spucke einsaugen.

Henry und Pippa sahen sich an. Dann rannten sie los in Richtung Haus. Das fehlte gerade noch, dass Herr Koriander sie verpfiff!

Diesmal vergaßen sie ganz, darauf zu achten, leise zu sein, und polterten das Treppenhaus hoch.

Henry konnte nicht anders. Er musste grinsen. Nicht nur weil sie Herrn Koriander entkommen waren. Sondern auch weil er sich das alles überhaupt getraut hatte.

Als sie im zweiten Stock bei Pippas Wohnung hielten, drehte Pippa sich noch mal kurz um.

»Bringen wir morgen wieder ein Fundstück zurück?«

Henry überlegte kurz.

»Okay«, sagte er. »Gern.«

Und genau so meinte er es auch.

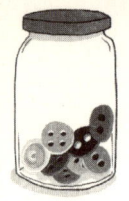

Pippa zu Besuch auf der Insel

Am nächsten Tag hatte Henry lange Schule und kam erst nachmittags nach Hause. Sein Papa, der häufiger von zu Hause arbeitete, saß in der Küche und baute an einem kleinen Modell.

»Wird das der neue Kindergarten?«, fragte Henry und nahm sich eine Milchschnitte aus dem Kühlschrank.

»Ja«, sagte sein Papa und setzte einen kleinen weißen Baum auf die Fläche vor dem Modellhaus. »Sieht gut aus, oder?«

Henry nickte.

Sein Papa war Architekt und baute für jeden Auftrag ein kleines Modell, damit seine Kunden sich das spätere Ergebnis besser vorstellen konnten.

»Ich habe heute Abend ein Geschäftsessen«, sagte sein Papa und sah zu Henry auf, ein winziges Papierklettergerüst in der einen und den Kleber in der anderen Hand. »Kommst du allein zurecht?«

»Klar«, sagte Henry und steckte sich den Rest Milchschnitte

in den Mund. Sein Papa hatte jedes Mal ein irre schlechtes Gewissen, wenn er ihn am Abend allein ließ. Das wusste Henry. Dabei fand Henry es sogar gut, wenn er mal allein war.

Es klingelte an der Tür.

Henrys Papa wollte gerade aufstehen, um aufzumachen, aber Henry kam ihm schon zuvor.

»Ich gehe!«

Wie erwartet, stand Pippa vor der Tür.

»Hallo, Nachbar«, sagte sie und trat sogleich durch die Tür.

Henry begutachtete ihren heutigen Haarreif.

»Zebra«, sagte Pippa ganz automatisch und deutete auf die schwarz-weiß gestreiften Ohren.

Neugierig sah Pippa sich um.

»Ich mag eure Wohnung.«

Sie lief durch den Flur und berührte alles. Die Kommode mit den kleinen Modellhäusern darauf. Den Garderobenständer, auf dem wild ein paar Jacken übereinanderlagen, ohne dass sie richtig aufgehängt waren.

Vor einem Familienbild blieb Pippa stehen.

»War sie das?«, fragte sie.

Henry trat neben sie und blickte auf das Bild.

Darauf zu sehen waren sein Papa, seine Mama und er selbst. Sie standen vor einem Leuchtturm. Der Himmel war strahlend blau und der Wind zerzauste ihnen allen die Haare. Sie lachten

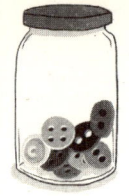

und seine Mama versuchte sich ihre langen blonden Haare aus den Augen zu streifen.

»Ja«, sagte Henry. Er konnte den Wind hören und das Lachen seiner Mutter.

»Hallo, Pippa.« Henrys Papa kam aus der Küche. Mit einem Küchentuch fitzelte er den getrockneten Kleber von seinen Fingern. »Habt ihr was Bestimmtes vor?«

»Wir bringen ein Fundstück zurück«, sagte Pippa und klang dabei so, als würden sie das jeden Tag machen.

Henrys Papa lächelte.

»Na, dann viel Spaß!«

Da fiel Pippa etwas ein.

»Herr Kolonko, darf Henry heute Abend bei uns essen?«

Sie sah Henry noch schnell fragend an.

Henry dachte kurz nach. Eigentlich wäre das heute sein Abend allein gewesen. Aber andererseits war er auch neugierig auf Pippas Wohnung.

Er nickte.

Auch sein Papa stimmte zu. »Von mir aus gerne!«

Henry konnte sehen, wie das schlechte Gewissen aus dem Gesicht seines Papas verschwand. Sein Sohn würde nicht allein sein.

»Prima«, sagte Pippa und strahlte. »Darf ich jetzt dein Zimmer sehen?«

Henry hatte schon lange niemanden mehr auf seine Insel gelassen. Andere Kinder traf er, wenn überhaupt, in der Schule oder draußen.

Er hatte ein komisches Ziehen im Bauch, als Pippa sein Zimmer betrat.

Sie wusste scheinbar gar nicht, wohin sie zuerst sehen sollte. Sie stand in der Mitte des Raums und schien alles aufzusaugen.

Henry hatte das dringende Gefühl, ihr etwas erklären zu müssen. Er wollte gerade ansetzen etwas zu sagen, da platzte es aus Pippa heraus.

»Wow, das ist so cool!«, rief sie und steuerte direkt auf die Pinnwand zu. »Sind das alles Fundstücke?«

Henry nickte. Pippas Begeisterung tat ihm gut. Er entspannte sich etwas und das komische Gefühl im Bauch ließ nach. Und er fühlte noch etwas anderes: Stolz.

Henry trat neben Pippa. Sie ließ ihre Finger über die Schnullerketten fahren und kicherte bei der Hundeleine. »Boss«, sagte sie.

Auch durch die Schlüssel und Anhänger fuhr sie. Es klimperte leise. »Das sind wirklich viele«, murmelte sie.

Henry trat an das Regal und legte heimlich den Schalter des roten Papageis um.

Pippa drehte sich zu ihm und blickte auf die oberste Regalfläche.

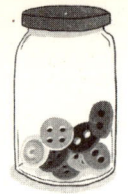

»Ist das ein Gebiss?«, entfuhr es ihr.

»Ist das ein Gebiss?«, wiederholte die krächzende Papageien-
stimme.

Pippa sah erschrocken zu dem Vogel. Ausnahmsweise sprach-
los deutete sie auf ihn und legte sich die Hand auf den Mund.
Dann fing sie laut an zu lachen. Der Papagei wiederholte das
Lachen in doppelter Lautstärke und auch Henry stimmte mit ein.

Als Henry den Schalter wieder umgelegt hatte, standen ihm
und Pippa Tränen in den Augen.

Pippa hob das Glas mit dem Gebiss von dem Regal.

»Wie wär's mit dem?«, sagte sie und klapperte mit den Zähnen.

Henry grinste.

»Vorschlag angenommen.«

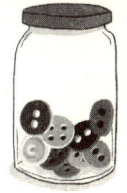

Ein Gebiss sucht ein Zuhause

»Also, wie finden wir jetzt den Besitzer?«, fragte Pippa, als sie nebeneinander über die Karl-Liebknecht-Straße liefen.

Das Gebiss hatten sie in eine Brotdose gepackt, die jetzt in Henrys Rucksack hin und her klapperte.

»Wir gehen erst mal dorthin zurück, wo ich es gefunden habe«, schlug Henry vor.

Wenige Meter weiter, vor dem Asia-Laden, blieben sie stehen.

»Hier hat es gelegen«, sagte Henry und deutete auf ein Stück Bordstein vor dem Laden.

»Hm«, machte Pippa und ging in die Hocke. Sie legte ihre Hand ans Kinn. Henry fand, dass sie damit aussah wie eine Fernsehkommissarin. Fehlte nur noch ein grauer langer Mantel.

»Aha!«, rief Pippa und streckte den Finger in die Höhe.

Henry verkniff sich ein Kichern.

»Ich kombiniere: Hier muss der Besitzer vorbeigekommen sein.« Pippa sah stolz aus.

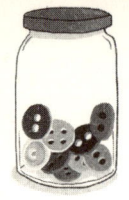

»Ähm, ja«, sagte Henry. »Aber so richtig weiter bringt uns das auch nicht, oder?«

»Nicht so richtig«, gab Pippa zu. Sie sah sich um.

»Aber das hier könnte ein Hinweis sein!«

Sie deutete aufgeregt auf ein Fenster über dem Asia-Laden. Darin zu sehen war ein übergroßer, neongrün beleuchteter Zahn.

»Das ist es!«, rief Henry begeistert.

Ein Klingeln und zwei Treppenaufgänge später standen Henry und Pippa in der Praxis von »Dr. Kieselmann & Co«.

Henry fand, dass »& Co« eher wie ein Detektivbüro klang.

Aber spätestens in der Praxis war klar: Sie waren beim Zahnarzt. Es roch nach Pfefferminzkaugummi und Kleber. Aus dem hinteren Zimmer mit Milchglastür kamen feine leise Bohrgeräusche. Henrys Nackenhaare stellten sich auf.

»Was kann ich für euch tun?«, fragte eine freundliche ältere Dame hinter der Theke. Sie trug eine stattliche Lockenfrisur. Bei ihrem Anblick musste Henry an Pudel Paul denken.

Sie sah die beiden über den Rand ihrer roten Lesebrille an, die ihr jeden Moment von der Nasenspitze zu rutschen drohte.

»Wir wollten mal fragen, ob es ab und zu mal vorkommt, dass jemand sein Gebiss verliert«, sagte Pippa mutig. »Wir machen eine Umfrage für unsere Schülerzeitung.«

Henry nickte ihr dankbar zu.

Die Dame fing an zu lachen. Dabei rutschte ihre Brille von der

Nase und wurde nur dank der Kette, an der sie befestigt war, und von ihrem großen Busen aufgefangen.

»Ulli, hast du das gehört?«, fragte sie noch immer kichernd und drehte sich um.

Hinter ihr erschien ihre Kollegin mit einer Kaffeetasse in der Hand, ebenfalls ganz in Weiß gekleidet. Sonst aber das genaue Gegenteil: kurze, blonde Haare und sehr dünn.

»Na, erinner dich doch mal. Wir hatten doch letzte Woche erst zwei Anrufe. Von Frau Basewitz und Herrn ... Wie hieß der noch mal? Petersilie oder so? Na, wie irgend so ein Küchenkraut auf jeden Fall.«

»Ach, da muss ich in der Pause gewesen sein«, sagte die Lockendame nachdenklich und drehte sich dann wieder zu Henry und Pippa.

»Wie ihr seht: Ab und zu passiert das also wirklich.«

»Super! Vielen Dank«, sagte Pippa und schielte in das Bonbonglas auf der Theke.

»Nehmt euch gerne ein paar raus. Sind auch zuckerfrei«, sagte die nette Dame und zwinkerte. Die rote Brille saß wieder an Ort und Stelle.

Zurück auf der Straße, kauten Henry und Pippa zufrieden auf ihren Himbeer- und Orangenbonbons.

»Ein voller Erfolg«, sagte Henry und kramte sein Notizbuch aus der Tasche. Er fuhr mit dem Finger über eine lange Liste mit

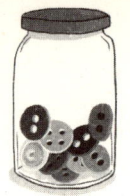

winzig klein geschriebenen Namen. »Basewitz, da!« Er tippte mit dem Finger auf einen Namen. »Sie wohnt in der Shakespearestraße drei.«

»Hast du wirklich *alle* Klingelschildnamen aus unserem Viertel in deinem Buch stehen?«, wollte Pippa auf dem Weg dorthin wissen.

»Ja«, sagte Henry. Nicht ohne ein wenig Stolz in der Stimme. »Hat 'ne Weile gedauert. Aber jetzt muss ich die Liste ja nur noch abändern, wenn jemand ein- oder auszieht. Erkennt man ganz einfach, wenn ein Umzugswagen vor der Tür steht oder wenn mit Tesafilm ein neuer Name auf das Klingelschild geklebt wurde.«

Vor der Adresse aus Henrys Buch blieben sie stehen.

Henry nahm die klappernde Brotdose aus seinem Rucksack.

Zögerlich sah er darauf. Er war sich nicht sicher, ob er das Gebiss einfach, so wie sonst, vor die Tür legen sollte.

»Wir machen das diesmal anders«, sagte Pippa und nahm ihm damit die Entscheidung ab.

Zielstrebig klingelte sie bei »Basewitz«.

Henry wollte sie gerade noch aufhalten, als schon ein »Ja?« aus der Sprechanlage kam.

Eine sehr alte Frauenstimme.

»Haben Sie ein Gebiss verloren?«, fragte Pippa, ohne zu zögern.

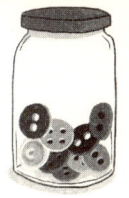

Henry war sprachlos.

»Bitte was?«

»Ob Sie Ihr Gebiss verloren haben«, wiederholte Pippa. Nun sehr laut und deutlich.

Ein Kichern war zu hören.

»Na, komm mal rauf, mein Kind«, antwortete die ältere Stimme. Ein lautes Surren ertönte und Pippa drückte schnell die Tür auf.

»Komm«, sagte sie und Henry folgte ihr bedröppelt.

Eine heiße Schokolade und viele Stücke Zitronenkuchen später standen Henry und Pippa wieder auf der Straße.

»Ich freu mich ja, dass Frau Basewitz ihr Gebiss nur verlegt hatte. Aber jetzt wissen wir immer noch nicht, wem es gehört«, sagte Henry, als sie sich wieder auf den Weg machten. »Und ein Herr Petersilie wohnt ganz sicher nicht in unserem Viertel.«

»Ich glaub nicht mal, dass in ganz Leipzig jemand mit dem Namen wohnt«, gab Pippa bedrückt zurück.

Sie waren schon in die Karl-Liebknecht-Straße abgebogen, als Henry wie vom Blitz getroffen vor dem Obst- und Gemüseladen stehen blieb.

Er deutete auf die Auslage vor dem Geschäft: Zwischen Äpfeln, Trauben und Spargel standen dort die Töpfchen mit grünen Küchenkräutern.

Das war es!

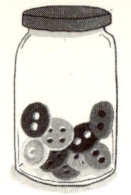

»Sollst du deinem Papa noch was mitbringen?«, fragte Pippa.

»Nee«, antwortete Henry und konnte sein Glück kaum fassen. »Schau doch mal!«

Er las die Namen auf den kleinen Schildchen vor:

»Basilikum, Petersilie, Minze, Schnittlauch und ...«

Am liebsten hätte Henry einen kleinen Trommelwirbel gemacht.

Aber Pippa hatte sich bereits vorgebeugt und zusammen riefen sie laut: »Koriander!«

Klick!

Mit schnellen Schritten liefen die beiden in Richtung ihres Hauses.

»Deswegen hat er gestern Nacht solche komischen Schlürfgeräusche gemacht!«, rief Henry.

»Ja«, sagte Pippa, auch schon außer Atem. »Der trägt bestimmt ein Ersatzgebiss!«

Nach Luft schnappend kamen sie vor ihrer Haustür zum Stehen.

Pippa stemmte ihre Hände in die Hüfte und holte noch mal tief Luft.

»Wir könnten es ihm direkt geben«, schlug sie vor.

»Nee«, sagte Henry und schüttelte den Kopf. »Bei ihm geht das nicht so einfach.«

Er überlegte, wie sie das Gebiss am besten zurückgeben konnten, als plötzlich die Haustür aufging.

Heraus kam: Herr Koriander.

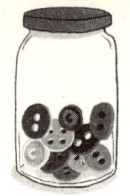

Seine Haare waren zerzaust und er sah müde aus. In der Hand trug er einen grünen Stoffbeutel.

»Soso«, sagte er mit seiner bekannten schnarrigen Stimme. »Die nächtlichen Rumtreiber.«

Er blieb kurz stehen, zog hörbar Spucke hoch und lief dann kopfschüttelnd weiter.

»Ganz klar: ein Ersatzgebiss«, zischte Pippa.

Als sie ins Haus gingen, überlegte Henry, ob sie einfach die Brotdose samt Inhalt vor die Tür des Nachbarn stellen sollten.

Pippas Quieken ließ ihn aufschrecken.

»Schau mal!«, rief sie und deutete auf die Wohnungstür von Herrn Koriander.

Sie stand einen Spalt weit offen!

Der ungeliebte Nachbar hatte vergessen sie richtig zuzuziehen.

»Wir legen es einfach direkt in seine Wohnung«, sagte Pippa und grinste. Dabei hoben sich ihre Zebraohren.

»Ich weiß nicht«, sagte Henry. Er hatte ein komisches Gefühl im Bauch. Noch vor zwei Tagen wäre er nie im Leben darauf gekommen, sich so etwas zu trauen. Aber mit Pippa war das anders.

Er sah in ihre Augen, die vor lauter Abenteuerlust aufblitzten.

»Okay«, sagte Henry und holte tief Luft. »Wir machen es!«

Henry war noch nie in Herrn Korianders Wohnung gewesen.

Überhaupt wusste er eigentlich nicht viel über den Nachbarn. Nur dass er meist schlecht gelaunt war und sich über irgendwas oder irgendwen im Haus beschwerte.

Leise schlichen sie sich in den dunklen Flur.

Henry hatte erwartet, dass es muffig riechen würde. Nach alten Sachen oder Kohlgemüse. Doch genau das Gegenteil war der Fall: Es duftete nach frischen Blumen.

Auf einer Kommode im Flur stand ein Strauß mit bunten Frühlingsblumen.

Direkt daneben stand ein Bild, auf dem Herr Koriander neben einem anderen Mann zu sehen war. Beide lächelten.

Pippa deutete darauf und zog die Augenbrauen hoch.

Henry zuckte mit den Schultern.

Sie schlichen weiter zur nächsten Tür.

Als sie um die Ecke lugten, blieb ihnen der Mund offen stehen.

»Er näht?«, rief Pippa.

»Nicht so laut«, zischte Henry. Er hatte große Angst, dass ihr Nachbar jeden Moment zurück sein könnte.

Und trotzdem war Henry mindestens genauso erstaunt wie Pippa.

Vor ihnen tat sich ein richtiges Nähatelier auf: In der Mitte des Raums stand ein großer Tisch, auf dem sich verschiedene Stoffbahnen kreuzten. Dazwischen lagen Schablonen, Nähkreide und eine große Schere.

An der linken Seite stand ein etwas kleinerer Tisch mit einer Nähmaschine. Auch hier war sofort zu erkennen, dass jemand an etwas arbeitete. Ein hellgrüner Streifen Stoff lag auf der Maschine, bereit, weiter zusammengenäht zu werden.

An einer Kleiderstange hinter dem kleinen Tisch hingen mehrere Beutel aus Stoff.

»Wusstest du das?«, fragte Pippa und deutete auf den ganzen Raum.

»Nee, ich hatte keine Ahnung«, antwortete Henry und nahm ein paar der genähten Stücke in die Hand.

»Die sehen aus wie Sportbeutel«, sagte er weiter.

»Vielleicht kann er mir mal was nähen«, sagte Pippa und strich mit den Fingern über einen türkisfarbenen Stoff auf dem Tisch.

Klick!

Pippa und Henry sahen sich an. Jemand war an der Tür!

Blitzschnell huschten beide unter den großen Tisch in der Mitte des Raums. Henry hoffte, dass man sie durch die langen Stoffbahnen, die überall herunterhingen, nicht sehen konnte.

Pippa und er kauerten sich zusammen. Henry spürte seinen Herzschlag bis zum Hals. Und selbst Pippa sah ausnahmsweise richtig alarmiert aus.

Sie legte den Finger an den Mund. Als ob er das nicht selber wüsste! Er würde keinen Mucks machen!

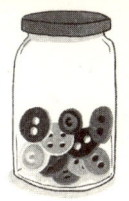

Sie hörten, wie jemand durch den Flur schlappte.

»Wo hab ich es nur hingelegt?«

Herr Koriander kam ins Nähzimmer.

»Irgendwo *hier* müsste es sein.«

Unter den Stoffbahnen konnten sie die abgewetzten Leder-schuhe ihres Nachbarn erkennen. Er stand jetzt direkt vor dem Tisch!

Henry schloss die Augen.

»Wenn Hilde heute das Muster nicht kriegt, dann ist sie wie-der eine Woche lang beleidigt«, murmelte Herr Koriander vor sich hin. Dabei klang er ganz anders als sonst. Das bemerkte Henry sogar in seiner Schockstarre.

»Aha! Da ist es ja!«

Herr Koriander nahm hörbar etwas vom Tisch. Dabei fiel ihm ein Stück Kreide herunter.

Durch seine zusammengekniffenen Augen konnte Henry sehen, wie sich der Nachbar bückte. Jetzt war er auf Augenhöhe mit ihm und Pippa.

Der Nachbar verharrte einen Moment.

Hatte er sie entdeckt?

Henry hörte, wie Pippa die Luft einsog.

Doch dann richtete Herr Koriander sich wieder auf, stopfte etwas Raschelndes in seinen Beutel und lief zurück in den Flur.

Erneutes Türklicken.

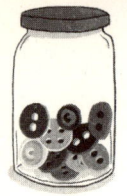

Er war draußen!

Erleichtert stießen Pippa und Henry die angehaltene Luft aus.

»Das war aufregend, oder?«, sagte Pippa mit einer Stimme, die sich fast überschlug.

Henry brachte nur ein Nicken zustande.

Im Eiltempo legten sie das Gebiss auf ein Taschentuch neben das Bild im Flur und flitzten dann, so schnell sie konnten, aus der Wohnung.

Picknick-Abend
bei Familie Glockenstein

In Henrys Zimmer ließ Pippa sich auf den blauen Sitzsack fallen und Henry plumpste auf seinen Schreibtischstuhl.

»Das war echt knapp!«, sagte Henry.

»Wenn man nur seine Wohnung kennt, könnte man denken, er ist ganz nett, oder?«, fragte Pippa und setzte ihre Zebraohren neu auf.

»Stimmt, ja.« Henry nickte. »Umso komischer, dass er immer rummeckert.«

»Vielleicht hat er noch etwas anderes verloren«, sagte Pippa und wickelte sich eine Haarsträhne um ihren Finger.

Henry sah sie fragend an. »Wie meinst du das?«

»Na ja, außer seinem Gebiss. Etwas, worüber er sehr traurig ist.«

»Vielleicht, ja ...« Henry nahm sein Notizbuch aus dem Rucksack. Hinter »Namenloses Gebiss« notierte er: RÜCKGABE.

»Warum machst du das eigentlich alles?«, fragte Pippa und ließ die aufgedrehte Strähne wieder los.

»Was meinst du?«, fragte Henry zurück.

»Na, das mit deinen Fundstücken«, sagte Pippa. »Ich kenne niemanden sonst, der das macht.«

Henry lächelte nervös.

»Weiß nicht. Ich mache das einfach schon immer.«

Henry überlegte. Er konnte gar nicht genau sagen, wann er damit angefangen hatte. Und noch weniger konnte er sagen, warum. Er wusste nur eins: Er musste weitermachen. Die Menschen brauchten ihre Dinge zurück. Unbedingt.

Die Kirchturmuhr schlug sechsmal und Pippa schreckte hoch.

»Au Backe, schon so spät?« Sie rappelte sich auf und der Sitzsack fiel knisternd in sich zusammen. »Wir wollten Papa doch beim Abendessen helfen.«

Mit einem freudigen »Ah, da sind ja meine Küchengehilfen« hatte Pippas Papa sie schon an der Tür zu Glockensteins Wohnung erwartet. Henry fand, dass er ein bisschen aussah wie sein Papa, nur ohne Brille und mit Schnurrbart. Nach einer Expressführung durch Pippas Zimmer, in der Henry ihr Meerschweinchen Einstein gestreichelt und den fliegenden Elefanten bewundert hatte, standen Henry und Pippa mit frisch gewaschenen Händen neben Herrn Glockenstein an der Küchentheke.

Pippa klapperte aufgeregt mit ihrem Küchenmesser auf dem Schneidebrett vor sich.

Ihr Papa warf ihr einen strengen Blick zu.

»Okay, okay«, sagte Pippa, die das Signal sofort verstanden hatte. »Ich freu mich nur so. Womit fangen wir an?«

Henry sah sich in der Küche um.

Glockensteins hatten eine sehr große Küche. In der Mitte war die Küchentheke, an der sie jetzt standen. Überall um sie herum stapelten sich Umzugskisten.

Auf der linken Seite entdeckte Henry das dunkelgrüne Sofa, das er beim Einzug gesehen hatte. Darüber hing ein Bild mit einem Schimpansen, der ihn direkt anzusehen schien. Neben dem Sofa stand ein alter Schrank mit einem Plattenspieler darauf.

Sieht eher aus wie ein Wohnzimmer, dachte Henry.

Der große Kühlschrank war über und über mit selbst gemalten Bildern vollgepflastert.

»Die sind schon uralt«, sagte Pippa. »Jetzt male ich viel besser. Aber Papa findet sie immer noch so toll, dass er sie als Allererstes ausgepackt und gleich wieder aufgehängt hat. Erinnerungen und so.« Die letzten Sätze sagte sie nur scheinbar leise und sah ihren Papa frech von der Seite an.

»Da hast du absolut recht«, sagte der und zwickte ihr sanft in die Nase. »Also, da ich keine Ahnung habe, in welchem Karton

sich unsere Pfannen und Töpfe verstecken, machen wir heute einen Tapas-Abend.« Er hielt strahlend ein Stück Käse und ein Glas Oliven hoch.

Henry und Pippa sahen sich erstaunt an.

Pippas Papa lächelte. »Das sind kleine Häppchen von verschiedenen Gerichten. Jeder kann dann einfach von dem probieren, worauf er Lust hat.«

Henry fühlte sich erleichtert. Ihm fiel es schwer, bei anderen zu essen. Wenn es sowieso nur Häppchen gab, würde es gar nicht auffallen, wenn er nicht viel aß.

»Pippa, du schälst die Karotten. Henry, du schneidest bitte die Paprika in kleine Streifen.«

Pippas Papa stellte den Plattenspieler an und bei gut gelaunter Saxofonmusik legten die drei los.

Nur eine halbe Stunde später hatten sie alles fertig vorbereitet und stellten die kleinen Schüsseln auf eine bunte Tischdecke, die auf dem Boden im Esszimmer ausgebreitet lag. »Den müssen wir erst noch auspacken«, sagte Pippas Papa und deutete auf den Esstisch, der in Folie eingewickelt in einer Ecke stand. Anstelle von Stühlen verteilte er Sofakissen rund um die Decke.

Pippa zündete Kerzen an.

»Das sieht ja fantastisch aus!«, sagte ihre Mama, die in dem Moment nach Hause kam. Sie hatte einen kleinen Strauß Blumen in der Hand, den sie zusammen mit ihrem Blumenmantel auf einer Umzugskiste ablegte. Überall Blumen heute, dachte Henry und sah das Bild von Herrn Korianders Strauß vor sich.

Pippas Mama drückte ihrem Mann einen Kuss auf den Mund und Pippa kurz an sich.

»Schön, dass du heute mit dabei bist, Henry«, sagte sie und strahlte ihn an.

Ein heimeliges Gefühl durchfuhr Henry und seine Wangen wurden warm.

Beim Essen saßen alle, wie bei einem großen Picknick, im Schneidersitz auf den Kissen und jeder nahm sich selbst aus den kleinen Schüsseln.

Henry bekam große Augen, als er Schälchen mit Eis und Kuchenstückchen entdeckte, die Pippas Papa noch dazwischengeschummelt hatte.

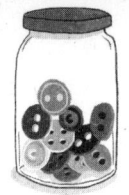

»Heute gibt's Vor-tisch statt Nach-tisch«, sagte Pippa und zwinkerte.

Henry lächelte und schnappte sich eine der schwarzen Oliven. Die hatte er erst ein Mal in seinem Leben probiert. Dazu nahm er sich ein Stück von dem Kuchen mit den Streuseln und den dicken Kirschen.

»Also, ich fange an«, sagte Pippas Mama. In der einen Hand hielt sie mehrere Salzstangen und in der anderen ein Glas Saftschorle. »Ich musste heute so viel Papierkram erledigen und andauernd hat das Telefon geklingelt. Das war nicht schön.« Sie blies sich eine Haarsträhne aus dem Gesicht. »Aber dann habe ich einen niedlichen Blumenladen nicht weit von der Praxis entdeckt.« Sie deutete mit einer Salzstange auf den kleinen Strauß, den sie in einem Wasserglas in die Mitte des Tischtuchs gestellt hatte.

Die anderen hatten aufmerksam zugehört, aber keiner sagte etwas dazu.

»Ich bin heute fast ausgerastet, weil ich den Schlüssel zu dem Schrank im Flur einfach nicht finde«, sagte Pippas Papa und nahm sich reichlich eingelegte Tomaten und ein Schüsselchen mit Eis. »Dafür hatte ich eben eine richtig nette Küchenrunde mit zwei sehr talentierten Küchengehilfen.«

Pippa strahlte, aber wieder sagte keiner etwas. Henry wunderte sich.

»Wir erzählen uns abends, was wir am Tag gut fanden und was nicht«, flüsterte Pippa ihm zu. »Wir hören einfach nur zu.«

Henry nickte. Das war definitiv ganz anders als bei ihm zu Hause.

»Ich fühl mich komisch an der neuen Schule. Es ist alles neu und ich kenne die ganzen Wege nicht.«

Henry sah überrascht zu Pippa. Irgendwie hätte er nie gedacht, dass Pippa mit irgendetwas Probleme hatte. Wenn sie an der gleichen Schule wären, könnte er ihr helfen, ging es ihm durch den Kopf.

»Und dann war ich heute mit Henry unterwegs und wir haben eines seiner Fundstücke zurückgebracht. Ein Gebiss!« Henry verschluckte sich fast an seiner Olive. Hatte Pippa das gerade wirklich einfach so erzählt?

»Das war sehr aufregend! Wie eine Achterbahnfahrt mit einer superschnellen Abfahrt am Schluss!«

Pippas Hand fuhr durch die Luft, machte ein paar Loopings nach und am Ende die schnelle Abfahrt. Ihre Eltern lächelten.

»Willst du auch erzählen, wie dein Tag war?«, fragte Pippa.

Henry hörte auf zu kauen. Darauf war er nicht vorbereitet.

»Lass mal, Pippa. Ich könnte mir vorstellen, dass es für Henry schöner ist, einfach nur zuzuhören.« Pippas Mama legte ihrer Tochter ihre Hand auf den Arm.

»Okay«, sagte Pippa und zuckte mit den Schultern.

Henrys Magen entkrampfte sich wieder und er nahm ein extragroßes Stück Kirschkuchen.

Als sie nach dem Essen das Geschirr in die Küche trugen, sagte Pippas Mama: »Weißt du, Henry, ich hatte mal eine Freundin. Sie war damals meine beste Freundin. Mit ihr hätte ich auch solche Sachen gemacht. Also verrückte Fundstücke zurückbringen zum Beispiel. Du erinnerst mich sehr an sie.« Sie lächelte und bekam wieder diesen nachdenklichen Blick, wie am Abend zuvor im Treppenhaus.

»Was ist mit ihr passiert?«, wollte Pippa wissen und steckte das schmutzige Besteck in die Spülmaschine.

»Wir haben uns aus den Augen verloren«, sagte Pippas Mama. »Ich bin damals mit meiner Familie hier weggezogen und danach haben wir uns nie wiedergesehen.«

»Das ist ja traurig«, sagte Pippa.

Ihre Mama nickte. »So, meine Lieben, vielen Dank fürs Helfen.« Sie klappte die Spülmaschine zu. »Vielleicht hat dein Papa auch mal Lust, mit uns zu essen. Bis dahin haben wir dann vielleicht sogar schon einen Tisch.« Sie lachte.

»Ich kann ihn mal fragen«, sagte Henry und machte sich daran zu gehen.

»Morgen finden wir Mimi«, sagte Pippa an der Tür. »Da bin ich mir ganz sicher!«

Henry nickte. So wie sie das sagte, glaubte er selbst es auch.

»Danke fürs Essen und bis morgen!«, sagte Henry und lief die Treppe hoch.

Als er schon außer Sichtweite war, rief Pippa ihm hinterher:

»Und dann machen wir mal was anderes als Fundstücke zurückbringen. Ich hab schon ein paar Ideen.«

Henry blieb erschrocken stehen. Dann lief er schnell weiter. Sie sollte nicht merken, dass er sie noch gehört hatte.

Etwas anderes als Fundstücke zurückbringen?

Auf keinen Fall, dachte Henry und merkte, wie sich ein großes Unbehagen in ihm breitmachte. Pippa hätte gesagt, ein dunkelgraues Gefühl. Wie eine Gewitterwolke.

Schnell lief Henry die letzten Treppen nach oben. Bloß weg von der Wolke.

Auf die Mimi, fertig, los!

Als Henry am nächsten Tag von der Schule nach Hause lief, kam ihm eine Frau mit einem Dackel entgegen. Das war es!

Henry wusste jetzt, wie sie Mimi kriegen konnten.

Er rannte den Rest des Weges nach Hause und eilte die Treppenstufen hinauf. Im zweiten Stock klingelte er bei »Glockenstein«.

Pippas Papa öffnete die Tür. Er hielt einen Hammer und ein Bild mit einem blauen Nashorn in der Hand.

»Ach, hallo, Henry«, sagte er gut gelaunt und rief gleich nach Pippa.

»Ich komme«, schallte es zurück und im nächsten Moment stand Pippa auch schon in der Tür.

Zwei übergroße Froschaugen starrten Henry von ihrem Kopf aus an. Zur Anschauung wackelte Pippa mit dem Kopf und die Pupillen der Froschaugen klickerten fröhlich mit.

Henry biss sich auf die Lippe und grinste.

»Wir müssen los«, sagte Pippa, schnappte sich ihren türkisfarbenen Rucksack und winkte ihrem Papa nur noch schnell zum Abschied.

»Ich hab eine Idee, wie wir Mimi kriegen können!«, verkündete Henry, als sie aus der Haustür traten.

»Schieß los!«, sagte Pippa und hopste aufgeregt neben ihm her.

»Frau Sato kann uns helfen.«

Vier Augen sahen Henry erstaunt an. »Frau Sato?«

»Wart's ab«, sagte er und freute sich, dass er Pippa noch etwas auf die Folter spannen konnte.

Dingeling machte die Tür, als die beiden Frau Satos Laden betraten.

»Wow«, entfuhr es Pippa und sie steuerte direkt auf die Familie aus pastellfarbenen Plastikkatzen zu, die Frau Sato auf ihrer Theke platziert hatte.

Der rosafarbene Muschelvorhang dahinter klimperte leise und die Hundefriseurin kam herein.

»Hallo, Henry«, sagte sie und lächelte. »Hast du jemanden mitgebracht heute?«

Henry nickte stolz.

»Das ist Pippa«, sagte er und deutete auf seine Freundin, die noch immer verzückt auf die kleinen Kätzchen sah. »Pippa, das ist Frau Sato.«

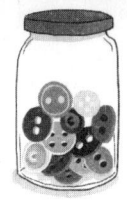

Pippa sah auf und strahlte.

»Es ist sooo schön hier bei Ihnen!« Pippa deutete auf die Katzenfiguren und die Bilder mit den Hunden an den Wänden.

»Oh, danke, danke«, sagte Frau Sato. Henry sah, wie sich ein leichter Rosaschimmer auf ihren Wangen breitmachte. »Macht auch Spaß. Ich mache immer alles wieder neu.«

Sie deutete stolz auf einen kleinen Brunnen in der Ecke, aus dem sich unaufhörlich ein dünner Wasserstrahl über weiße Kieselsteine ergoss. Auf seinem Rand saß ein kleiner Keramikfrosch.

»Oh, Henry«, sagte Frau Sato aufgeregt. »Hab ich ganz vergessen dir zu sagen. Die Leine von dem ›BOSS‹. Ich weiß jetzt, wem sie gehört. Ist von der kleinen Frau Daisy.«

»Super«, sagte Henry und machte innerlich schon einen Haken auf seiner Liste. »Dann bring ich sie nachher vorbei.«

Frau Sato nickte.

»Frau Sato, können Sie sich noch an Mimi erinnern?«, fragte Henry, nun ein wenig nervös.

»Ja, natürlich«, antwortete sie. »Arme kleine Mimi.«

»Wir hätten sie vorgestern fast erwischt!«, sagte Pippa.

»Ja«, stimmte Henry zu. »Aber dieses Mal versuchen wir etwas anderes. Können wir uns eine Ihrer Hundeboxen ausleihen?«

Pippa bekam große Augen und sah zu ihm.

»Hundebox, sagst du?« Frau Sato strich mit der Hand über ihr Kinn. »Ja, wartest du mal. Einen Moment.«

Sie verschwand hinter dem Muschelvorhang.

»Das ist die Idee, Henry!«, sagte Pippa aufgeregt. »Damit kriegen wir sie auf jeden Fall!«

Henry freute sich, dass ihm das eingefallen war und dass Pippa von der Idee genauso begeistert war wie er.

»Schaust du hier«, sagte Frau Sato und kämpfte sich mit etwas Großem, Sperrigem zurück durch den Vorhang.

Sie stellte die Box, die aussah wie eine große Reisetasche mit Fenstern, vor sich auf den Boden.

»Kannst du nehmen für die Mimi.«

»Danke, Frau Sato!«, sagte Henry begeistert und öffnete probehalber die vordere Klappe.

»Können wir Ihnen als Dank dafür mit irgendetwas helfen?«, fragte Pippa.

Frau Sato winkte ab. »Nein, nein. Ist schon gut.«

Dingeling machte da die Tür.

Herein kam eine Frau mit einem riesengroßen grauen Hund, dessen Fell wie ein zotteliger Teppich an ihm herabhing.

»Oder wartet mal«, murmelte Frau Sato. »Vielleicht brauche ich bei Herrn Bo doch etwas Hilfe.« Sie kicherte.

Eine Stunde später kamen Henry und Pippa wieder aus dem Hundesalon. Ihre Kleidung war an vielen Stellen nass und in ihren Haaren hingen überall Schaumflocken. Sie hatten Frau Sato geholfen Herrn Bo zu baden.

Weil es so viel Spaß gemacht hatte, waren sie für die nächste Woche gleich wieder eingeladen, um einen Hund zu waschen.

Mit der Box zwischen sich machten Henry und Pippa sich auf den Weg zum Kirchplatz.

»Wir nehmen diesmal eine etwas ruhigere Stelle«, erklärte Henry. »Sonst traut sie sich erst wieder ganz spät raus.«

Sie stellten die Box an einen etwas versteckten Seiteneingang der Kirche. Dann legten sie eine lange Spur aus Katzenleckerlis aus, die direkt in die Box führte. »Rind mit Thunfisch«, las Pippa vor und nickte zufrieden. »Das schmeckt ihr bestimmt.«

Henry klemmte einen Zweig unter die geöffnete Klappe. Daran befestigt war die durchsichtige Angelschnur von seinem Papa, die er noch schnell von oben geholt hatte.

Mit der Schnur in der Hand kauerte sich Henry neben Pippa hinter ein Gebüsch in der Nähe und wartete.

Es dauerte nicht lange und Pippa rief: »Schau mal!« Sie deutete aufgeregt in Richtung Kirchenmauer.

Und tatsächlich: Um die Ecke herum lugte ein grau-schwarz getigerter Kopf mit Knickohr.

Mimi schnüffelte neugierig.

»Rind mit Thunfisch«, murmelte Pippa, als würde sie die Katze hypnotisieren. »Thun mit Rindfisch!«

Henry kicherte und merkte gleichzeitig, dass seine Hand, die die Schnur hielt, langsam feucht wurde.

Er durfte auf keinen Fall zu früh ziehen. Aber auch keine Sekunde zu spät.

Mimi wagte einen Schritt nach dem anderen aus dem Schatten der Kirche.

Am Ende der Straße schrie ein Kind. Mimi duckte sich und hielt inne.

Henry und Pippa hielten die Luft an.

Dann lief Mimi wie in Zeitlupe weiter.

Sie blickte sich noch einmal um und schnappte sich das erste Leckerli.

»Super, Mimi«, flüsterte Pippa.

Und so ging es weiter. Mimi knusperte ein Leckerli nach dem anderen und näherte sich so der Box.

»Du schaffst das«, sagte Pippa und hielt ihre Fäuste mit den gedrückten Daumen an ihren Mund.

Henry kontrollierte die Spannung der Schnur. Sie stimmte noch.

Mimi stand nun vor der Box. Sie schnupperte an dem blauen Plastik und sah sich um.

Dann wagte sie einen Schritt in die Box und noch einen.

Das war der Moment!

Henry zog an der Schnur, der Zweig knickte weg und die Klappe fiel nach unten!

Henry und Pippa liefen los.

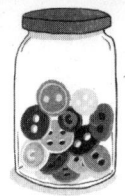

Mit wenigen Schritten waren sie an der Box und verschlossen links und rechts die Klappe.

Mimi saß mit übergroßen Augen zusammengekauert am Ende der Box und fauchte.

»Es wird alles gut, Mimi«, sagte Henry beruhigend. Sein Herz klopfte ihm bis zum Hals.

»Du bist bald wieder zu Hause«, sagte Pippa und nickte. Die Froschaugen an ihrem Haarreif klickerten.

Vorsichtig trugen Henry und Pippa die Box mit Mimi nach oben in Henrys Wohnung und riefen die Nummer aus der Vermisstenanzeige an. Die Besitzerin war überglücklich und versprach Mimi gleich abzuholen.

Keine Viertelstunde später klingelte es an der Tür und eine junge Frau mit grünen Haaren und Kapuzenpulli stand mit einer Transportbox, die etwas kleiner war als die von Frau Sato, und einer riesigen Tüte Gummibären in der Wohnungstür von Kolonkos.

»Hi, ich bin Judith«, stellte sie sich vor und reichte Pippa die Tüte. »Es tut mir leid, aber so schnell hatte ich nichts anderes, um euch zu danken.« Sie sah die beiden entschuldigend an.

Dann nahm sie Mimi vorsichtig aus der Hundebox und streichelte ihr über das Knickohr.

»Mensch, Mimi, was machst du denn für Sachen«, murmelte sie und verdrückte eine kleine Träne.

Mimi schmiegte sich an ihre Besitzerin und schnurrte tief. Henry und Pippa sahen sich zufrieden an.

»Hier«, sagte Pippa und drückte Judith die restlichen Leckerlis in die Hand. »Ente mit Karotte und Rind mit Thunfisch mag sie besonders gerne.«

Mimis Katzenmama nickte dankbar und schrieb ihnen noch ihre Adresse auf einen Zettel. »Kommt Mimi und uns doch mal besuchen. Meine Kinder sind ungefähr so alt wie ihr. Die freuen sich bestimmt.«

Henry nahm den Zettel entgegen und er und Pippa winkten Judith und Mimi in der Katzenbox hinterher.

Als sie die Tür hinter sich schlossen, grinsten Henry und Pippa sich an.

»Das war so cool!«, sagte Pippa. Sie hüpfte aufgeregt in die Höhe und klatschte in die Hände.

»Wie Weihnachten, Geburtstag und Ostern zusammen«, sagte Henry und klatschte mit Pippa ein.

Er konnte sich nicht erinnern, wann er sich das letzte Mal so gut gefühlt hatte.

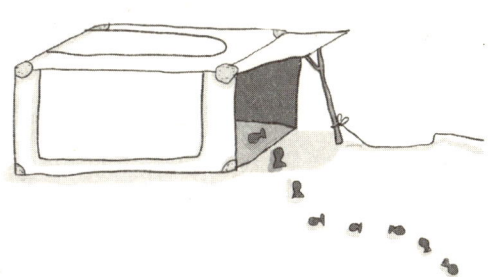

Großer Krach

»Also«, sagte Pippa am nächsten Morgen. Es war Samstag und sie hatten sich direkt nach dem Frühstück bei ihr verabredet. Pippa saß auf dem fliegenden Elefanten in ihrem Zimmer und hatte noch einen kleinen Schnurrbart aus Schokocreme über dem Mund. »Ich hab mir was überlegt.«

Sie hielt einen Finger ihrer Hand hoch.

»Wir könnten heute in den Zoo gehen. Oder Fahrrad fahren. Nelly aus meiner Klasse sagt, dass es hinter dem Bayerischen Bahnhof eine super Hügelpiste gibt. Oder wir gehen runter an den Kanal im Park. Dort steht ein Eiswagen. Oder ...«

Bei jedem Vorschlag streckte sie einen neuen Finger an ihrer Hand aus.

Henry sank bei jedem Vorschlag etwas tiefer in Pippas Sofa, das gegenüber dem Elefanten stand. Henry hatte gerade so zwischen die vielen Wolken- und Einhornkissen daraufgepasst.

Auf dem Boden flitzte Pippas Meerschweinchen Einstein hin und her.

Henry hatte schon befürchtet, dass Pippa heute etwas anderes vorschlagen würde. Etwas anderes als Fundstücke zurückbringen. Und trotzdem hatte er gehofft, dass sie es vielleicht vergessen hatte.

»Also, was denkst du?«, fragte Pippa und riss ihn aus seinen Gedanken. Sie sah ihn erwartungsvoll an und streckte neun Finger in die Höhe.

»Wie bitte?«, fragte er verdutzt. Die letzten sechs Finger hatte er nicht mehr mitbekommen.

»Was davon wollen wir als Erstes machen?«

Pippa wackelte mit den ausgestreckten Fingern.

»Ich weiß nicht, ob ich heute überhaupt so lange Zeit habe«, murmelte Henry und versuchte aus den Tiefen des Sofas wieder aufzustehen. »Muss erst mal meinen Papa fragen.«

Er sah nach unten und hoffte, dass Pippa seine roten Wangen nicht bemerkte. Er war einfach nicht gut im Lügen. Sein Papa war gar nicht zu Hause, sondern ausnahmsweise mal samstags im Büro, weil es dort etwas Wichtiges zu besprechen gab.

»Ist gut«, sagte Pippa und rutschte von ihrem Elefanten. »Dann fragst du eben erst.«

Sie entdeckte Einstein zwischen zwei Umzugskisten und nahm ihn hoch. Das Meerschweinchen fiepte leise.

Auf dem Weg nach oben in seine Wohnung dachte Henry nach. Vielleicht könnten sie ja beides machen. Erst einen von Pippas Vorschlägen und dann noch ein Fundstück zurückgeben. Das könnte klappen, dachte er und versuchte sich etwas fröhlicher zu fühlen.

Aber das komische Ziehen in seinem Magen wollte einfach nicht verschwinden.

Als Henry ein paar Minuten später wieder bei Glockensteins klingelte, hatte Pippa schon ihre Jacke an.

»Und, was hat dein Papa gesagt? Darfst du?«

»Ja ...«, antwortete Henry zögernd.

»Super. Dann gehen wir erst mal zum Eiswagen am Kanal.«

»Okay«, sagte Henry und sie gingen direkt los.

Pippa redete wie ein Wasserfall. Von der Schule, von den Kindern in ihrer Klasse, von ihrer neuen Freundin Nelly und von einem leckeren Kuchenrezept, das sie mit ihrem Papa ausprobieren wollte.

Henry versuchte nicht an seine Pinnwand zu denken.

»Hörst du mir überhaupt zu?«, fragte Pippa und pikte ihn in den Arm.

Sie liefen an dem Fahrradladen vorbei, an dessen Schaufenster Henry mal einen Teddy gefunden hatte.

»Hm?«, sagte Henry und dachte an den Tag, an dem er das Kuscheltier zurückgebracht hatte.

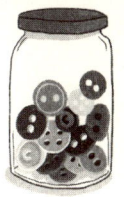

»Ob du mir zuhörst«, wiederholte Pippa und verdrehte die Augen.

Henry schielte an ihr vorbei. An dem Schaufenster lehnte heute wieder etwas. Ein Buch.

Ohne Pippa zu antworten, nahm er es hoch und blätterte darin. Es war ein sehr altes Buch. Vorne stand handgeschrieben ein kurzer Text, der mit »Lieber Max« begann.

»Komm, lass uns weitergehen«, sagte Pippa. »Das ist schon uralt. Das vermisst kein Mensch mehr.« Sie tippelte ungeduldig mit ihrem Turnschuh.

»Das gehört aber trotzdem jemandem«, sagte Henry und blätterte auf die letzten Seiten des Buchs. Vielleicht konnte er dort eine Adresse finden.

»Du willst gar nichts anderes machen, oder?«, fragte Pippa.

Henry sah hoch.

Er wusste nicht, was er sagen sollte.

»Du willst immer nur weiter deine Fundstücke zurückbringen.«

Sie verzog keine Miene.

Henry fuhr über den Einband des Buches. Er wusste immer noch nicht, was er sagen sollte. Aber er hatte Angst vor dem, was Pippa als Nächstes sagen würde.

»Das ist nicht fair. Wir haben die ganze Zeit das gemacht, was du wolltest.«

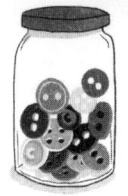

Ihre Stimme klang plötzlich eisig. Henry schluckte.

»Wir können doch auch ein anderes Mal wieder was mit deinen Fundstücken machen.«

»Nein, das können wir nicht!«, platzte es aus Henry heraus. Lauter als geplant.

Pippa sah ihn erschrocken an.

»Das geht nicht«, sagte Henry. Wieder etwas leiser. »Ich kann einfach nichts anderes machen.«

»Und wieso nicht?«, fragte Pippa. Sie verschränkte die Arme. Henry sah, dass ihre Augen verdächtig schimmerten.

»Ich weiß es nicht!«, rief Henry. Nun wieder laut. »Ich muss das einfach machen. Ich hab das immer schon gemacht.«

Er wollte ihr etwas erklären, was er sich selbst nicht erklären konnte. Henry suchte nach Worten.

Aber Pippa hatte genug gehört. Sie ging einen Schritt auf ihn zu.

»Dann mach doch weiter mit deinen blöden Fundstücken.«

Sie schaute ihm kurz in die Augen, dann wandte sie sich ab und lief weg in Richtung Park. Nach ein paar Metern drehte sie sich noch einmal um.

»Aber weißt du was?« Ihre Stimme zitterte. »Du wirst nic fertig. Du wirst immer wieder neue Sachen finden. Du wirst nie, nie, niemals fertig!«

Damit rannte sie endgültig davon.

Henry stand einfach nur weiter da und sah ihr nach.

Ihr letzter Satz hallte in seinen Ohren.

Er fühlte sich furchtbar. Ganz leer, so als würde er ganz viel auf einmal und eigentlich doch gar nichts fühlen.

All die Fundstücke der letzten Jahre gingen ihm durch den Kopf. Wie er sie zurückgebracht und so vielen Menschen damit eine Freude gemacht hatte. Das war doch alles auch richtig gewesen, dachte Henry.

Wie durch einen Tunnel lief Henry nach Hause.

Im Hausflur stand jemand hinter einer geöffneten Briefkastenklappe. Ohne richtig wahrzunehmen, wer das war, fragte Henry: »Haben Sie schon mal etwas Wichtiges verloren?«

Die Briefkastentür wurde zur Seite geklappt und Henry erschrak: Vor ihm stand Herr Koriander.

Er sah Henry überrascht an.

»Etwas Wichtiges, hm?« Der Nachbar nestelte an seiner Strickweste. »Habe ich, ja«, sagte er und fuhr mit den Fingern über seinen Mund. Dabei blitzte einer seiner Zähne auf. »Und manchmal bekommt man es tatsächlich wieder.« Henry spürte, wie Hitze in seine Wangen schoss. Das Gebiss!

»Aber ich verrate dir mal etwas, Junge«, fuhr Herr Koriander fort. »Das Schlimmste ist nicht, wenn man etwas, sondern *jemanden* verliert. Für immer.«

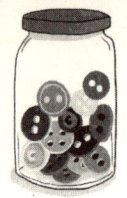

Henry hatte seinen Nachbarn noch nie so gesehen. Alles Grummelige aus seinem Gesicht war verschwunden und er sah nur noch traurig aus.

Henry dachte an den Mann auf dem Bild in Herrn Korianders Wohnung. Vielleicht war Herr Koriander deswegen immer so schlecht gelaunt. Weil der Mann an seiner Seite nicht mehr da war.

Henrys Nachbar setzte wieder sein altbekanntes, mürrisches Gesicht auf.

»Ich hab noch zu tun«, sagte er. Mit einem lauten *Rums* knallte er seinen Briefkasten zu und verschwand in seiner Wohnung.

Henry blieb allein zurück.

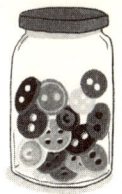

Henry erinnert sich

Oben in der Wohnung stellte Henry seinen Rucksack in der Garderobe ab.

Er schlurfte durch den Flur und blieb vor dem Leuchtturmbild stehen, das ihn mit seinem Papa und seiner Mama zeigte.

Sein Papa hatte damals noch eine andere Brille gehabt. Henry selbst sah aus wie jetzt, nur in klein.

Und seine Mama ... Ja, seine Mama sah genau so aus, wie er sie in Erinnerung hatte. Immer fröhlich und mit einem Lachen im Gesicht. Immer damit beschäftigt, sich ihre langen blonden Haare hinter ihre Ohren zu streifen.

Henry schluckte. Er musste an Herrn Korianders Worte denken.

Das Schlimmste ist nicht, wenn man etwas, sondern jemanden verliert.

»Das stimmt«, murmelte Henry.

Er nahm das Bild von der Wand und mit in sein Zimmer.

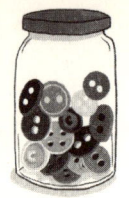

Dort stellte er es auf den Schreibtisch und legte seinen Kopf davor ab.

Mit einem Mal fühlte er sich hundemüde.

Henrys Augen wurden schwer und klappten immer wieder zu.

Er sah ein letztes Mal auf den Leuchtturm und seine lachende Mama. Dann schlief er ein.

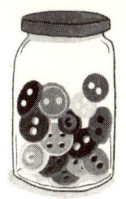

Henry saß in seinem Zimmer. Er hatte den ganzen Vormittag damit verbracht, Bauklötzchen unter die Eisenbahnschienen zu schieben. Er würde eine Hochbahn bauen. Mit Signalen und Wald und einer richtigen kleinen Stadt.

Im Flur hörte er seinen Papa und Tante Kristin. Seit seine Mama nicht mehr da war, kam seine Tante oft zu Besuch. Sie redeten leise, aber Henry konnte sie trotzdem hören.

»Ich weiß nicht, wie das alles weitergehen soll«, sagte sein Papa. Mit der komischen Stimme, die Henry immer Angst machte, weil sie so traurig klang. Wenn sein Papa mit ihm redete, klang er nie so. Aber bei anderen schon.

»Wir sind immer für euch da«, sagte Tante Kristin. »Das weißt du hoffentlich.«

Sein Papa sagte nichts.

Henry schob zwei weitere Bauklötzchen unter eine Schiene. Sie hielt!

»Ich weiß nicht, ob ich das mit Henry schaffe. Er ist doch noch so klein«, sagte sein Papa.

Henry hielt den nächsten Bauklotz in der Hand und schob ihn ganz vorsichtig unter das kurvige Schienenteil. Das war das schwierigste Stück! Seine Zunge fuhr über seine Oberlippe.

»Du darfst dich jetzt nicht hängen lassen«, sagte seine Tante. »Der Junge hat seine Mutter verloren. Er braucht dich jetzt.«

Henrys Klotz fiel um. Die ganze schöne Hochbahn fiel um. Die Signale, die Bäume, die Brückenteile. Alles.

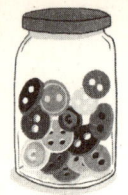

Henry schreckte hoch.

Er sah sich verdattert um. Er war an seinem Schreibtisch eingeschlafen. Sein Blick fiel auf das Leuchtturmbild vor ihm.

Ihm fiel der Traum wieder ein.

Und dann fiel ihm alles andere auch wieder ein.

Es fühlte sich an wie ein riesengroßes Puzzlestück, für das er endlich den richtigen Platz gefunden hatte.

Henry erinnerte sich genau: Er hatte von der Zeit geträumt, kurz nachdem seine Mama bei dem Unfall gestorben war. Im Frühling, als er gerade fünf geworden war.

Es hatte nur noch Leute um Henry herum gegeben, die über ihn, aber nicht mit ihm sprachen. Sie alle flüsterten, zischten und tuschelten das Gleiche: »Der arme Junge hat seine Mutter verloren.«

Henry schluckte.

Plötzlich war es so, als wäre all das erst gestern gewesen. Er erinnerte sich, wie sich das damals angefühlt hatte. So, als hätte *er* sie verloren. Als wäre *er* daran schuld. Er hatte nicht richtig aufgepasst.

Henry setzte sich aufrecht hin. Mit einem Mal war er hellwach. Er blickte auf seine Pinnwand und das Regal mit seinen Fundstücken.

»Das war es«, murmelte er. Da hatte es angefangen, ganz tief in ihm drin. Das Gefühl, dass er nichts mehr verlieren durfte.

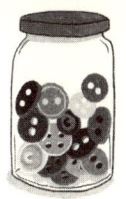

Überhaupt durfte niemand mehr irgendetwas verlieren, ohne es wiederzufinden. Weil er wusste, wie sich das anfühlt: wie eine leere Tasse, die nie wieder voll sein wird. Und wie ganz viel zusammengepresste Traurigkeit, die nur manchmal unterbrochen wird. Und wenn sie dann mal eine Weile ganz weg war, kam sie in manchen Nächten dafür umso schlimmer wieder.

Dieses Gefühl durfte niemand haben. Sein Papa nicht und auch sonst niemand auf der Welt.

Henry nickte.

Deshalb hatte er angefangen, Dinge zu finden und sie wieder zurückzubringen. Und irgendwann hatte er einfach gar nicht mehr gewusst, wie es angefangen hatte und warum er damit nicht mehr aufhören konnte.

»Du wirst niemals fertig«, gingen ihm Pippas Worte von vorhin wieder durch den Kopf.

Henry stand auf.

Er wusste jetzt, was er tun musste.

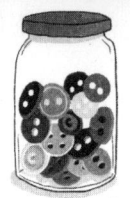

Ohne Pippa geht's nicht

Henry klingelte an Familie Glockensteins Tür. Sein Herz pochte laut.

Er musste Pippa unbedingt von seinem Traum erzählen. Und von allem anderen. Sie würde ihn verstehen. Bestimmt!

Es dauerte einen Moment, bis Pippas Papa öffnete. Er trug eine Küchenschürze mit vielen Flecken darauf.

Schokoladenkuchen, dachte Henry.

»Ach, hallo, Henry«, sagte Herr Glockenstein und hielt die Tür mit seinem Fuß auf. An seinen Händen und in seinem Schnurrbart klebte Kuchenteig.

»Ist Pippa da?«, fragte Henry. Er hatte vor dem Runtergehen noch auf die Uhr gesehen. Es war schon Nachmittag.

»Tut mir leid«, sagte Pippas Papa. »Sie war vor zwei Stunden nur kurz hier und ist dann noch mal losgegangen. Sie wollte sich mit Nelly treffen.«

Ihre neue Freundin aus der Schule, dachte Henry.

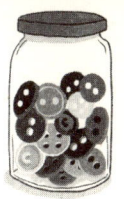

»Ach so«, sagte er möglichst normal. »Dann komm ich vielleicht morgen wieder.«

»Tu das«, sagte Pippas Papa und winkte ihm lächelnd mit fünf Kuchenfingern zu.

Henry hatte keine Lust, zurück in die Wohnung zu gehen, und tappte das Treppenhaus nach unten. Er fühlte sich ganz seltsam. Er hatte sich so gefreut Pippa alles zu erzählen. Aber vielleicht interessierte sie das alles überhaupt nicht mehr. Sie hatte ja jetzt Nelly. Henry spürte einen Stich im Herzen.

Auf der kleinen Treppe im Hausflur setzte er sich hin.

Henry sah auf die Stuckverzierungen an den Wänden. Ohne Pippa hätte er die Engelsgesichter und Schlangen nie richtig bemerkt.

Er dachte daran, was er ohne sie noch alles nicht bemerkt und erlebt hätte. Nie im Leben wäre er zum Beispiel auf die Idee gekommen, ein Fundstück persönlich zurückzugeben. Er dachte an die nette Frau Basewitz und wie Pippa sie direkt nach ihrem Gebiss gefragt hatte. Henry musste lachen. Und wie Herr Koriander sie beinahe unter seinem Nähtisch entdeckt hätte! Henry spürte jetzt noch die kribbelnde Aufregung. Genauso bei dem Gedanken daran, wie er mit Pippa nachts auf den Kirchplatz geschlichen war.

Henry war so froh, dass Pippa in sein Haus gezogen war.

Tief in Gedanken fuhr er mit den Fingerspitzen über eine der Schlangen an der Wand.

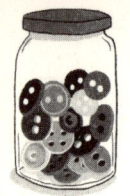

Erstaunt hielt er inne. Am Kopf des Tieres knisterte es! Henry fuhr erneut über die Stelle. Tatsächlich! Es fühlte sich auch anders an als der Rest der Steinverzierung. Henry untersuchte den Schlangenkopf genauer. Da! Im Maul des Tiers steckte eine kleine Papierrolle! Behutsam zog Henry sie heraus.

Sie war in etwa so lang wie das Lineal in seinem Federmäppchen. Das Papier fühlte sich trocken an. So als würde es jeden Moment zwischen seinen Fingern zerbröseln. Mit klopfendem Herzen rollte er es auseinander. Er starrte auf eine ganze Seite mit Zeichen. Fremden Zeichen. Jemand hatte mit verschiedenfarbigen Buntstiften Symbole und Figuren aneinandergereiht, Zeile für Zeile. Henry hatte keine Ahnung, was das alles bedeuten sollte.

Aber er wusste, dass es nur genau eine Person gab, die ihm dabei helfen konnte.

»Hey!«

Henry war so in seinen Fund vertieft gewesen, dass er gar nicht bemerkt hatte, wie die Haustür aufgegangen war.

Sein Papa kam auf ihn zu. In den Händen hielt er das Modell von dem Kindergarten. Über seiner Schulter hingen mehrere Plastikrollen, in denen er seine Projektpläne aufbewahrte.

»Stell dir vor, Henry: Wir haben den Auftrag! Wir bauen den Kindergarten!«

Henrys Papa strahlte über das ganze Gesicht.

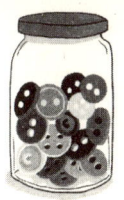

»Wow, toll, Papa!«, sagte Henry und versteckte die Schriftrolle hinter seinem Rücken.

»Alles okay bei dir, mein Junge?«

»Ja, alles gut«, sagte Henry schnell. »Ich dachte, ich hole dich
heute mal hier unten ab.« Er wusste nicht, warum, aber er wollte
nichts von seinem Fund erzählen.

»Soso«, sagte sein Papa. Henry sah genau, dass sein Vater
wusste, dass er schwindelte. Aber er sagte nichts weiter dazu.
»Komm, wir gehen nach oben und feiern mein neues Projekt mit
einer Ladung Pizza. Mit extraviel Käse.«

Henry überlegte. Er dachte an seinen Traum und was ihm
danach alles klar geworden war. Er wollte Pippa so gerne davon
erzählen.

Aber dann dachte er an sie und ihre neue Freundin Nelly. Und
da stand sein Papa vor ihm und sah ihn so fröhlich an.

»Okay«, sagte Henry. Die geheime Schriftrolle würde bis
morgen warten müssen!

Am Tag darauf ging Henry ganz früh morgens zum Brötchen-
holen. Obwohl es Sonntag war, war an Ausschlafen sowieso nicht
zu denken. Die seltsame Schriftrolle ging ihm einfach nicht aus
dem Kopf.

Als Henry vom Bäcker zurückkam und über den Kirchplatz
lief, sah er nach oben. Der gepunktete Vorhang an Pippas Fenster

bewegte sich und zwei Katzenohren blitzten für einen Moment auf.

Henry war sich sicher: Pippa hatte dort gestanden und war schnell verschwunden, als sie ihn gesehen hatte.

Er beschloss gleich noch mal bei ihr zu klingeln.

»Tut mir leid, Henry«, sagte Pippas Mama, die ihm in Jogginghose die Tür geöffnet hatte. Sie sah ehrlich traurig aus. »Sie sagt, sie möchte heute zu Hause bleiben.«

»Schade«, sagte Henry und machte sich daran zu gehen.

»Versuch es doch morgen noch mal«, rief Pippas Mama ihm hinterher.

»Okay«, sagte Henry und tappte weiter nach oben. Er würde sich wirklich etwas einfallen lassen müssen, um mit Pippa reden zu können.

Und genau in dem Moment kam ihm eine tolle Idee. Prickelnde Aufregung machte sich in seinem Bauch breit und er rannte die restlichen Treppenstufen nach oben.

Gleich nach dem Frühstück setzte Henry sich an seinen Schreibtisch.

Vor sich hatte er ein leeres Blatt Papier. In der Hand hielt er seinen Fisch-Kugelschreiber. Bereit für eine Nachricht an Pippa. Eine besondere Nachricht.

Henry fing an zu schreiben:

BEGI BDIC HZU MSPI ELP LAT ZIMCL ARAP ARK.
HA BEE INEN ACHR ICH TBE IDE RNURD UMIR HELF
ENKA NNST.
BIT TEKOM MMO RGEN UMVI ERZEH NUHR ZUMK LETT
ERGE RÜST.
HE NRY

Henry fuhr mit dem Finger über seinen Text und las ihn noch mal laut vor. Er musste kichern. Das hatte Spaß gemacht! Und seine Freundin würde die Botschaft sicher verstehen.

Henry faltete das Papier zweimal und schrieb in großen Buchstaben »PIPPA« darauf.

Mit klopfendem Herzen legte er die Nachricht auf die Fußmatte von Familie Glockenstein. Dann klingelte er und rannte blitzschnell wieder nach oben.

Als er hörte, wie die Tür aufging, war er schon wieder im vierten Stock.

Himmelblau

Henry hatte in seiner Nachricht »Komm morgen um vierzehn Uhr zum Klettergerüst« geschrieben.

Nach der Schule war Henry also direkt zum Clara-Park gelaufen und wartete seit halb zwei auf dem vollen Spielplatz. Überall kreischten und lachten Kinder, packten Eltern ihre Picknickdosen aus und unterhielten sich.

Henry hatte vor lauter Aufregung nicht mal Augen für die verschiedenen Fundstücke in seiner Nähe. Eine Pferde-Trinkflasche unter der Bank, auf der er saß. Eine rote Kinderjacke, die jemand gut sichtbar an einen Baum gehängt hatte.

Henry kickte einen großen Stein von links nach rechts, als plötzlich ein Paar Schuhe vor seinen auftauchte: gelb mit roten Punkten. Henry sah überrascht auf.

»Hallo«, sagte Pippa. Sie hielt die Arme verschränkt und verzog keine Miene. Auf ihrem Kopf saß der Katzen-Haarreif, den sie am Mittwoch getragen hatte. Grau mit weißem Flausch.

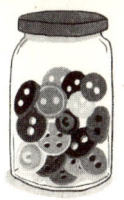

»Hallo«, antwortete Henry. Er war durcheinander, weil er froh war, gleichzeitig aber auch etwas Angst hatte. Hoffentlich würde sie ihm zuhören.

Henry holte tief Luft. »Danke, dass du gekommen bist.«

Pippa nickte. Ihre Mundwinkel blieben an Ort und Stelle.

»Unser Streit«, sagte Henry und sah nach unten zu dem großen Stein. »Das tut mir leid.«

Pippa setzte sich neben ihn und fing an mit dem Fuß einen großen Kreis in den Sand zu malen. Sie sagte nichts.

»Ich hab das bisher auch nie verstanden. Also, warum ich das mit den Fundstücken machen muss.«

Pippas Fuß hörte auf zu malen.

»Meine Mama ist doch gestorben. Vor fünf Jahren war das.«

Pippa blickte zu ihm auf.

Und dann erzählte er ihr von seinem Traum. Wie er sich als kleines Kind gefühlt hatte und wie er dachte, er müsste alle davor bewahren, sich auch so zu fühlen.

Zwischendurch machte Henry kurze Pausen und lächelte. Er konnte es selbst noch nicht fassen, dass er das jetzt alles verstanden hatte.

Seine Freundin hörte die ganze Zeit zu und nickte an manchen Stellen.

»Und deshalb konnte ich am Samstag auch nicht mit dir in den Park zum Eisessen gehen. Weil ich dachte, dass ich dann

nicht mehr genug Zeit habe. Fürs Sachenfinden und Zurückbringen, meine ich.«

Das war es. Er hatte ihr alles gesagt. Ein großes Gefühl der
Erleichterung strömte durch seinen Körper.

»Hellblau«, murmelte Henry.

Pippa sah ihn verwundert an.

»Das Gefühl«, sagte Henry und grinste. »Es fühlt sich hellblau
an. Wie ein riesiger Heißluftballon, der in den Himmel steigt.«

Pippas Augen schimmerten verdächtig, aber auch sie grinste.
Und dann fiel sie ihm um den Hals und drückte ihn so fest, dass
er fast keine Luft bekam.

»Danke, dass du mir das erzählt hast«, nuschelte sie in seine
Schulter. »Ich wusste das alles nicht.«

»Ich ja auch nicht«, japste Henry und rang nach Luft.

»Oh, entschuldige«, sagte Pippa und kicherte. Sie ließ ihn
wieder los.

»Und jetzt erzähl mal von dieser Nachricht!«

Da war es wieder, dachte Henry. Das Blitzen in ihren Augen.
Die Lust auf ein Abenteuer!

Rasch holte er die Schriftrolle aus seinem Rucksack.

»Hier«, sagte er und gab sie ihr.

Vorsichtig rollte Pippa sie auf und starrte mit zusammengekniffenen Augen auf die vielen Zeichen. Sie hielt das Papier quer
und dann über ihrem Kopf gegen die Sonne.

»Hm«, machte sie.

Henry konnte die Spannung kaum aushalten.

»Wo, sagst du, hast du sie gefunden?«, fragte sie.

»Bei uns im Hausflur. In einem der Schlangenköpfe.«

»Hm«, sagte sie erneut. »Das erklärt einiges.«

»Das heißt, du kannst die Nachricht lesen?«

»Ja und nein«, sagte sie und rollte das Papier wieder zusammen.

»Ich brauche noch ein bisschen und ich muss das zu Hause machen.« Sie stand entschlossen auf und richtete ihre Katzenohren neu. Henry fand, dass sie wieder so aussah wie die Fernsehkommissarin. »Komm, wir müssen los!«

Henry schnappte sich seinen Ranzen. Dabei bemerkte er die Trinkflasche unter der Bank. Er überlegte kurz, bevor er sie gut sichtbar auf den Rand der Bank stellte. Dann eilte er Pippa hinterher.

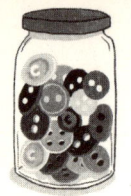

Die Satz-Schatzkarte

Pippa saß seit einer halben Stunde an ihrem Schreibtisch, ihre Katzenohren weit über die Schriftrolle gebeugt. Nebenbei kritzelte sie verschiedene Zeichen und Buchstaben auf ein Schmierpapier. Dabei murmelte sie vor sich hin: »Rotes Dreieck ist gleich E. Blauer Kreis ist gleich M.«

Henry tigerte vor lauter Aufregung in Pippas Zimmer auf und ab.

»Okay, der Fall ist klar«, sagte sie plötzlich und drehte sich auf ihrem Stuhl um. Sie hielt ihren Kommissarinnen-Zeigefinger in die Höhe. »Das hier ist eine Schatzkarte.«

Henry konnte nicht glauben, was seine Freundin da gerade gesagt hatte.

»Lies vor!«, drängte er sie.

Pippa räusperte sich und begann zu lesen:

»LIEBER FINDER, DU HAST GLÜCK,
DENN DIES IST EINE SATZ-SCHATZKARTE.
LIES JEDEN SATZ NUN STÜCK FÜR STÜCK
UND TRÖDEL NICHT ODER WARTE.
GEH ZUERST DIE TREPPEN RUNTER.
VIERZEHN, FÜNFZEHN, SECHZEHN.
DORT FINDEST DU DAS ERSTE WUNDER:
ÜBER DER SCHILDKRÖTE IST EIN ZEICHEN ZU SEHEN.
DREH ES UM UND ÜBERLEG GENAU:
WAS IST GROSS UND WAS IST BLAU?
FÜNF, SECHS, SIEBEN, ACHT.
BISHER ALLES GUT GEMACHT!
EIN LETZTES RÄTSEL GIBT ES NOCH:
WAS IST KLEIN UND BRAUCHT EIN LOCH?
DIES IST NUN DER LETZTE SATZ:
BEWAHRE IHN GUT, UNSEREN BESONDEREN SCHATZ!

DIE SATZ-SCHATZMEISTERINNEN

API UND ETTE«

Pippa hörte auf zu lesen.

»Wer sind denn Api und Ette?«

»Keine Ahnung«, sagte Henry. »Aber auf jeden Fall finden wir ihren Schatz! Wir müssen als Erstes in den Keller!«

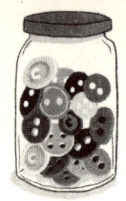

Pippa zog ihre Augenbrauen hoch.

»Die Treppe dort hat genau sechzehn Stufen«, erklärte Henry.

Pippa zog ihre Augenbrauen noch weiter, bis sich ihre Stirn kräuselte.

»Hab ich mal nachgezählt«, sagte Henry und zuckte mit den Schultern.

Fünf Minuten später liefen Henry und Pippa die steinerne Treppe nach unten. Pippa zählte laut mit.

»Und sechzehn«, sagte sie, als sie unten ankamen.

Henry sog die kühle Kellerluft ein. Sie roch nach Beton und alten Reifen.

Es gab einen Gang, der nach links, und einen, der nach rechts führte. Beide dunkel. Henry bekam eine Gänsehaut. Plötzlich war ein lautes Rauschen zu hören. Henry sprang einen Schritt zur Seite und sah erschrocken nach oben. Dort krabbelte eine langbeinige Spinne über die dicken, roten Rohre, durch die das Abwasser lief. Sein Herz beruhigte sich etwas. Normalerweise würde er niemals freiwillig in den Keller gehen. Und wenn, dann nur zusammen mit seinem Papa. Henry fasste sich ein Herz und sagte möglichst normal und laut: »Als Nächstes brauchen wir die Schildkröte.« Er lugte vorsichtig in den Gang zu seiner Linken.

»Ich hab sie«, kam es von Pippa, die aufgeregt in den gegenüberliegenden Gang deutete. »Da!«

Sie zeigte auf eine Stelle auf dem Boden, die im Halbdunkel lag.

Ja klar, dachte Henry. Er kannte die Schildkröte doch! Seine Mutter hatte sie ihm gezeigt, als er noch ganz klein gewesen war. Er hatte einfach nur ganz lange nicht mehr daran gedacht.

Sie knipsten das Licht an und flitzten los.

Als sie direkt davorstanden, war das Tier nur noch eine einfache Erhöhung im Boden. Ein Stück Beton, das jemand nicht richtig abgetragen hatte.

Pippa kramte die Schriftrolle aus ihrer Tasche und las den passenden Hinweis noch einmal vor:

»*ÜBER DER SCHILDKRÖTE IST EIN ZEICHEN ZU SEHEN.*
DREH ES UM UND ÜBERLEG GENAU ...«

Henry kniete sich vor das steinerne Tier und untersuchte die Wand darüber. Nichts zu sehen.

Er fuhr mit dem Finger über die Mauersteine – und da! An einer Stelle fühlte er so etwas wie eine Rille. Henry holte tief Luft und pustete. Eine graue Staubwolke hüllte ihn ein. Henry hustete und wedelte mit den Händen. Als sich die Wolke verzog, war es zu erkennen: An der Wand war tatsächlich ein Zeichen!

»Sieht aus wie ein auf den Kopf gestelltes Kreuz und am rechten Punkt geht ein Strich nach unten«, murmelte Henry.

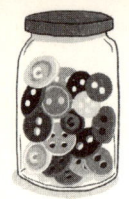

»Du musst es umdrehen«, sagte Pippa.

Henry neigte den Kopf und versuchte sich das Symbol umgedreht vorzustellen, aber es gelang ihm nicht.

Pippa kniete sich neben ihn und malte das Zeichen mit dem Finger in den Staub auf dem Boden. Daneben malte sie es noch einmal. Diesmal auf dem Kopf.

»Eine Vier!«, riefen beide gleichzeitig.

Henry war froh, als die dicke Kellertür hinter ihnen ins Schloss fiel. Sie setzten sich auf die untersten Stufen im Erdgeschoss und überlegten, wie es weitergehen könnte.

»Also gut. Wir haben die Vier, und wir brauchen etwas großes Blaues«, sagte Pippa.

Henry tippte sich mit dem Zeigefinger an die Nase.

In dem Moment öffnete sich die Schwingtür zum Hausflur und Frau Schönewetter, die ältere Dame aus dem vierten Stock, kam mit einem vollen Einkaufswägelchen auf sie zugerollt. Sie lächelte. »Na, Kinder, was macht ihr denn Schönes? «

»Wir suchen etwas«, sagte Pippa.

»Oh«, sagte Frau Schönewetter und nickte. »Das klingt spannend. Da wünsche ich euch viel Erfolg!«

Sie machte sich daran den Wagen die ersten Stufen hochzubugsieren. Henry und Pippa sprangen gleichzeitig auf und übernahmen – einer links, einer rechts – den Einkaufswagen. »Wir helfen Ihnen«, sagte Henry.

»Meine Güte«, sagte Frau Schönewetter im zweiten Stock und blieb einen Moment stehen. Mit einem geblümten Stofftaschentuch tupfte sie sich die Schweißperlen von der Stirn. »Meine Kinder haben schon recht. Vielleicht ziehe ich doch noch mal in ein Haus mit Fahrstuhl. Oder noch besser: Ich ziehe ins Erdgeschoss. Im vierten Stock hab ich weiß Gott lange genug gewohnt.«

Henry und Pippa sahen sich an. »Die Vier!«, sagten sie im Chor und grinsten.

Frau Schönewetter warf ihnen einen verwunderten Blick zu und trottete schnaufend weiter nach oben.

»Vielen lieben Dank, Kinder!«, sagte sie, bevor sie den Wagen über die Schwelle rollte und die Tür hinter sich schloss.

»Der nächste Hinweis muss irgendwo hier sein«, sagte Pippa aufgeregt und klatschte in die Hände.

Sie sahen sich im Hausflur um. Etwas großes Blaues war nicht zu entdecken. Neben der Wohnungstür von Frau Schönewetter und Kolonkos gab es nur noch eine weiße Metalltür.

»Wohin führt die?«, wollte Pippa wissen.

»Da geht's zum Dachboden.«

»Hm«, machte Pippa und nahm ihren Katzenohr-Haarreif vom Kopf. Mit dem einen Ende fing sie an an der Tür zu kratzen.

»Was machst du denn da?«, zischte Henry und sah sich nervös um. Malte seine Freundin jetzt etwa Katzengesichter auf die Tür? Das würde mächtig Ärger geben!

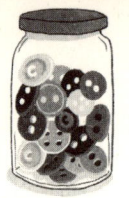

»Ich wusste es!«, sagte Pippa triumphierend. Sie deutete auf die Stelle, an der sie gekratzt hatte.

Henry trat näher und staunte: Unter dem weggekratzten, weißen Lack schien eine andere Farbe hindurch – Dunkelblau!

»Die wurde überstrichen. Und früher war sie blau«, sagte Pippa und setzte zufrieden ihren Haarreif wieder auf.

»Du solltest echt als Kommissarin anfangen«, sagte Henry und hielt seine Hand hoch. Pippa klatschte sie ab und drückte dann die Klinke runter.

»Aber wir kommen nicht rein«, sagte sie enttäuscht. »Wir haben keinen Schlüssel.«

»Kein Problem«, sagte Henry und grinste. »Ich weiß, was wir machen.«

Heimlich auf dem Dachboden

Von seinem Papa wusste Henry, dass Herr Koriander als einziger Hausbewohner einen Schlüssel für den Dachboden hatte und jeden Montagabend dort oben Zeit verbrachte. Was genau er da machte, wusste keiner.

Henry und Pippa hatten sich für neun Uhr verabredet.

Henry war es nicht ganz wohl bei dem Gedanken, im Dunkeln auf den Dachboden zu steigen. Aber es war ihre einzige Chance, den Schatz zu finden.

Beim Abendessen hatte Henry seinem Papa erklärt, dass er später noch mal ganz kurz zu Pippa runtergehen würde, um ihr neues Sternenteleskop auszuprobieren. »Das geht ja erst, wenn es draußen dunkel wird«, hatte Henry mit vollem Mund und Blick auf seinen Teller Nudeln genuschelt. Henrys Papa hatte etwas mit »absolute Ausnahme« geantwortet und es Henry erlaubt.

Pippa hatte das Gleiche zu Hause erzählt: Sie würde noch kurz zu Henry gehen, um *sein* Teleskop auszuprobieren.

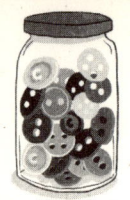

Und so stand Henry um Punkt neun Uhr am Treppengeländer und lugte nach unten. Leise knarzend kam etwas durch den dunklen Flur nach oben. Als sie den letzten Treppenabsatz erreichte, erkannte er seine getarnte Freundin: Sie trug schwarze Leggins und darüber die viel zu lange schwarze Jacke. Wie an dem Abend, als sie Mimi auf dem Kirchplatz fangen wollten. Nur schlich sie diesmal auf Socken.

Henry leuchtete mit seiner Taschenlampe auf ihren Kopf.

»Fledermausohren«, flüsterte Pippa und kicherte. »Vielleicht gibt's da oben ja sogar welche!«

Henry drehte es den Magen um. Die fehlten ihm gerade noch! Schnell wischte er den Gedanken an schwarze Flattertiere weg und deutete auf die Tür zum Dachboden. Sie stand bereits offen.

Pippa grinste und streckte ihren Daumen hoch.

»Ich hoffe bloß«, flüsterte Henry und knipste seine Taschenlampe wieder aus, »Herr Koriander erwischt uns nicht.« Das Rumoren in seinem Magen wurde immer stärker. Henry war sich mittlerweile sicher, dass allein das sie schon verraten würde.

Pippa winkte ab und schüttelte den Kopf: »Wird er nicht!«

Henry hoffte, dass seine Freundin recht behielt, und stieg als Erster die Dachbodentreppe nach oben, ebenfalls auf Socken, zum besseren Schleichen. In Gedanken zählte er mit: … fünf, sechs, sieben, acht. Genau wie in der Karte. Sie waren auf der richtigen Spur!

Oben angekommen, blickte er sich um. Im Halbdunkel erkannte er zwischen den Dachschrägen links und rechts unzählige Möbel, verhängt mit weißen Stoffbahnen. Dazwischen Kisten, Koffer und ein altes Fahrrad. Die warme Luft roch nach vergilbten Bildern und Museum. Durch ein Dachfenster konnte Henry die Kirche sehen. Über ihr: der dicke Vollmond.

Knack!

Henry drehte sich erschrocken um. Auf der anderen Seite des Dachbodens brannte hinter einem Regal ein kleines Licht und jemand murmelte etwas vor sich hin. Henrys Herz klopfte wie wild. Er winkte Pippa hoch. Sie mussten jetzt schnell sein!

Als sie beide oben standen, nickte Henry in Richtung des Lichts und formte ein lautloses »Ko-ri-an-der« mit den Lippen.

Pippa nickte.

Leise schlichen die beiden in die andere Richtung. Henry traute sich nicht seine Taschenlampe anzumachen, aus Angst, entdeckt zu werden. Das Mondlicht musste ihnen reichen.

Schritt für Schritt liefen sie weiter. Immer auf der Hut, um nicht plötzlich gegen etwas zu stoßen.

Was ist klein und braucht ein Loch, gingen Henry die Worte aus der Karte immer wieder durch den Kopf. Was war bloß damit gemeint?

Im Halbdunkel erkannte Henry etwas auf dem Boden. Was war das?

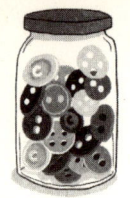

Seine Freundin schien das Ding nicht zu bemerken und würde jeden Moment hineintreten!

Henry griff nach Pippas Arm und zog sie weg.

»Was denn?«, zischte sie.

»Da liegt was«, sagte er und bückte sich. Jetzt erkannte er es: »Eine Mausefalle!«

Pippa sog scharf die Luft ein. »Autsch! Das hätte wehgetan!«

In dem Moment durchfuhr es Henry wie ein Blitz. Er blickte auf die Falle, dachte an den Satz auf der Karte und hatte die Lösung!

»Wir suchen ein Mauseloch!«, flüsterte er. Er hätte es am liebsten rausgeschrien, so sehr freute er sich.

Pippas Augen wurden riesig und ihre Fledermausohren schoben sich mit einem breiten Grinsen nach oben.

»Du hast recht!«

Henry überlegte, dass das ein ganz schön kleiner Schatz sein musste, wenn er dort hineinpasste. Er schob den Gedanken rasch weg und ließ den Blick über die Wand unter der linken Dachschräge gleiten.

Pippa tat das Gleiche auf der anderen Seite.

Da ertönte hinter ihnen ein lautes Husten.

Henry erstarrte. Er wagte es nicht zu atmen. Im Augenwinkel sah er, dass auch Pippa sich nicht mehr bewegte.

Dann war ein leises Summen zu hören und es klang so, als

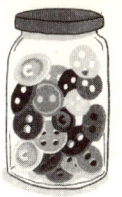

würde ihr Nachbar aus dem Erdgeschoss irgendetwas ausschütteln.

Henry atmete erleichtert aus und gab Pippa ein Zeichen, dass sie sicher waren.

Je weiter sie liefen, umso stickiger wurde die Luft.

Henry überlegte gerade, ob er es doch wagen sollte, seine Taschenlampe anzuknipsen, als er neben einem alten Kleiderschrank stehen blieb. Da war doch etwas! Im schummrigen Mondlicht hatte er etwas Dunkles an der Wand entdeckt. Er ging in die Knie und tatsächlich: Vor ihm war ein kleines, schwarzes Mauseloch!

»Pst!« Er winkte Pippa zu sich.

Sie unterdrückte bei dem Anblick ein Quieken.

Henry tastete vorsichtig mit den Fingern durch das Loch. Hoffentlich wohnte da gerade keine Maus! Aber er konnte nichts

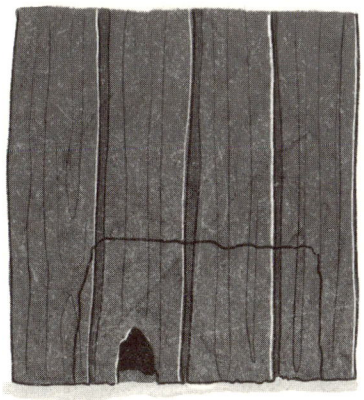

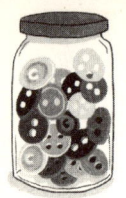

fühlen außer dem staubigen Holzboden. Seine Finger tippelten weiter in das Loch hinein und da: Die Wand um seine Hand hatte sich bewegt! Erst jetzt erkannte er es: Rund um das kleine Loch war das Holz in einem weiten Bogen eingesägt. Henry zog vorsichtig an dem Stück Holz. Er hatte recht! Es ließ sich wegnehmen und ein größeres Loch entstand. In etwa so groß wie ein Schuhkarton.

»Da ist der Schatz!«, rief Pippa. In voller Lautstärke. Vor Schreck hielt sie sich die Hand vor den Mund. Henry schimpfte nicht. Dafür war er viel zu aufgeregt, denn auch er hatte ihn entdeckt.

Ganz am Ende des großen Lochs stand eine Holzkiste. Henry griff danach und zog sie mit klopfendem Herzen heraus.

Da stand sie: die Schatzkiste! Sie hatten sie tatsächlich gefunden.

Henry und Pippa grinsten sich an und konnten ihr Glück kaum fassen.

Da ging plötzlich das Licht an.

Eine riesengroße Überraschung

Henry und Pippa drehten sich langsam um. Vor ihnen stand Herr Koriander.

»Was macht ihr denn hier?«, fragte er und wirkte dabei mehr überrascht als böse.

In der Hand hielt er einen großen, grünen Stoffballen, aus dem Wassertropfen auf den Boden kullerten.

»Wir ...«, begann Henry.

»Wir ...«, versuchte auch Pippa etwas zu sagen.

»Wir haben die hier gesucht«, schloss Henry mutig und deutete auf die Schatzkiste. Sein Herz klopfte ihm bis zum Hals und seine Hände fühlten sich feucht an. Überhaupt schien der Dachboden plötzlich noch wärmer und stickiger zu sein.

»Soso«, sagte Herr Koriander skeptisch.

»Was ist denn hier los?«, kam eine Stimme von hinten.

Aus dem Loch der Bodentreppe stiegen nacheinander Henrys Papa und Pippas Eltern. Einer verdutzter als der andere.

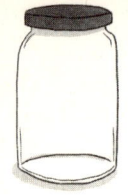

»Das wollte ich auch gerade wissen«, sagte Herr Koriander. Weil ihn die anderen Erwachsenen überrascht anstarrten, hielt er den tropfenden Stoffballen in die Höhe. »Ich für meinen Teil hänge hier meine Stoffe, ähm, Wäsche auf.«

Die Eltern blickten auf die kleine Pfütze, die sich vor Herrn Koriander gebildet hatte.

»Und wir haben den hier gefunden!« Henry hielt die Kiste in die Höhe. Er hatte keine Ahnung, wie sauer sein Papa gleich sein würde, dass er ihn angelogen hatte.

»Das ist ein echter Schatz«, fügte Pippa hinzu. »Ein Satz-Schatz.«

»Das ... das kann doch nicht wahr sein!«, entfuhr es Pippas Mama. Dabei klang sie, als hätte sie gerade ein Gespenst gesehen. »Das ist der Satz-Schatz!«.

»Alles okay, Mama?«, fragte Pippa besorgt.

Pippas Mama kam auf sie zu und fuhr mit den Fingern über die Holzkiste.

»Fünf, sechs, sieben, acht, bisher alles gut gemacht«, wiederholte sie die Worte aus der Karte.

Henry und Pippa sahen sich fassungslos an.

Und dann fing Pippas Mama gleichzeitig zu lachen und zu weinen an.

»Es ist dreißig Jahre her, dass ich den das letzte Mal gesehen habe«, sagte sie und schniefte. »Ich hatte ihn ganz vergessen.«

Pippas Papa legte die Hände auf die Schultern seiner Frau. Er sah ebenso überrascht aus wie die Kinder.

Henry fing langsam an zu verstehen.

»Dann sind Sie Api oder Ette?«

Pippas Mama nickte. »Ich bin Ette, das ist die Abkürzung von Henriette. Und meine beste Freundin war Api. Sie hat damals hier mit uns im Haus gewohnt.«

»Api?«, entfuhr es Henrys Papa. Er hatte bisher hinter Herrn Koriander gestanden und kam jetzt zu ihnen. Henrys Vater sah nun auch so aus, als ob er einen Geist gesehen hätte.

»Das ... das war der Spitzname meiner Frau.« Er schluckte. »Pia.«

Pippas Mama starrte ihn an. »Sie sind Pias Mann?« Sie blickte zu Henry. »Dann bist du Pias Sohn?« Erneut schossen ihr Tränen in die Augen. »Deshalb kamst du mir so bekannt vor.« Sie legte eine Hand auf ihre Brust und lächelte.

»Ich versteh nur Bahnhof«, sagte Pippa und verschränkte die Arme.

»Unsere Mamas waren beste Freundinnen, als sie beide als Kinder hier gewohnt haben«, erklärte Henry und biss sich auf die Lippen. »*Sie* haben den Schatz hier versteckt.«

Pippa sah ihn aus großen Augen an.

Henry kicherte. So sprachlos hatte er seine Freundin noch nie erlebt.

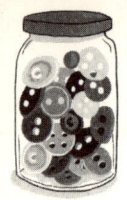

»Möchten Sie noch einen Pfannkuchen, Herr Nachbar?«, fragte Henrys Papa.

Herr Koriander schüttelte den Kopf. Er saß mit hochgezogenen Schultern und gefalteten Händen zwischen Pippas Eltern auf dem Sofa.

Nach so vielen Überraschungen auf einmal hatte Henrys Papa alle zu sich eingeladen und auf die Schnelle einen Berg Pfannkuchen gezaubert.

»Was machen Sie eigentlich mit den ganzen Stoffbahnen, die Sie da oben aufhängen?«, fragte Pippas Papa Herrn Koriander und schob sich ein großes Stück Eierkuchen mit Schokocreme in den Mund.

»Er näht«, platzte es aus Pippa heraus.

Fünf Augenpaare richteten sich auf sie.

»Ups«, sagte Pippa und blickte verschämt auf ihren eingerollten Pfannkuchen, aus dem Kirschsoße quoll.

»Dann habt ihr mir das zurückgebracht?«, fragte Herr Koriander überrascht und klopfte mit einem Finger auf seinen Eckzahn.

Henry und Pippa sahen sich an und nickten zögerlich.

»Vielen Dank«, sagte Herr Koriander und zwinkerte.

Henry und Pippa konnten es nicht glauben.

»Jetzt verstehe *ich* nur noch Bahnhof«, sagte Pippas Mama und alle lachten.

Nach dem Essen und der Geschichte rund um Herrn Korian-

ders verlorenes Gebiss setzten sich die Kinder mit Pippas Mama auf den Boden. Gemeinsam öffneten sie die Schatzkiste.

Zutage kamen unzählige Bilder, Knöpfe, Münzen und andere kleine Schätze.

»Wir haben die Kiste an dem Tag versteckt, als ich mit meiner Familie hier ausgezogen bin«, erklärte Pippas Mama. Sie erzählte, wie sie sich die Reime ausgedacht und die Kiste befüllt hatten. Dabei hielt sie immer wieder inne und schüttelte den Kopf.

Henry schwieg. Er strich mit dem Finger über das Bild von einer regenbogenfarbenen Katze, das seine Mama gemalt hatte. Die Kette, die sie aus kleinen Knöpfen gebastelt hatte, streifte er sich behutsam über den Arm. Er fühlte sich gleichzeitig traurig und fröhlich. Es war fast so, als ob seine Mama an diesem Abend mit ihnen auf dem Boden sitzen würde.

Henry strich sich die Haare hinter die Ohren und hörte ihr Lachen.

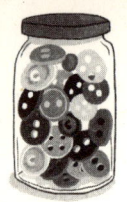

Gesucht - gefunden

Henry schluckte. Er sah auf den großen Pappkarton in seinen Händen: seine restlichen Fundstücke.

Dann blickte er zu Pippa.

Sie stand neben ihm und nickte ihm aufmunternd zu.

Mit klopfendem Herzen betrat Henry den Laden mit der Aufschrift »Gesucht – gefunden. Ihr Fundbüro mit Herz«.

Als er ohne den Karton wieder rauskam, fühlte er sich ganz leicht. So als hätte er einen ganzen Rucksack voller Steine abgesetzt.

»Und?«, fragte Pippa vorsichtig.

»Alles in Ordnung«, sagte Henry und atmete tief ein und wieder aus.

Nun war wirklich alles in Ordnung.

»Lust auf ein Eis am Kanal?«, fragte er und grinste.

»Auf jeden Fall«, sagte Pippa und grinste ebenfalls. Die Krebsscheren auf ihrem Kopf wackelten fröhlich.

Danksagung

Wenn ich in den letzten Monaten eines verstanden habe, dann, dass ein Buch immer ein Gemeinschaftswerk ist.

Oder, um es mit den Worten von TJ Klune zu sagen: »For those who have been with me since the beginning, look at what we've made.«

Deshalb geht zuallererst ein riesengroßes Dankeschön an meine wunderbare Schreibgruppe – »Das Schreibkreativ«. Was würde ich nur ohne euch machen?

Barbara und Claudi, ihr habt ab Seite 1 an Henry geglaubt. Schön, dass es euch gibt!

Danke an Hanne, die mich zum frühen Aufstehen motiviert hat und ohne die ich vermutlich immer noch nach freien Zeitfenstern fürs Schreiben suchen würde.

Danke an meine fleißigen und so wertvollen Testleser und Testleserinnen Mika, Jella und Jana.

Danke Jürgen, dein »du kannst schreiben« hat mich an mich selbst glauben lassen.

Danke an Detlef und Irene, die mich über Wochen hinweg mit Suchanzeigen aus der Zeitung versorgt haben.

Danke an meine wunderbare, positive und herzliche Agentin Ulrike, die an Henry geglaubt und den Heißluftballon zum Glück in eine andere Geschichte verbannt hat.

Danke an Wiebke, meine wunderbare Lektorin, die Henry und Pippa so gut verstanden hat und die ich ab Mail Nummer 1 sofort mochte! Ich bin wirklich ein Glückspilz!

Danke an Stefanie, die Henry und Pippa ein Gesicht gegeben hat – danke, danke, danke!

Und zuletzt ein großer Dank an meine Familie, die immer hinter mir steht und auf die ich zählen kann. Von ganzem Herzen: Danke!

Wenn in einem der vielen Häuser Leipzigs schon um fünf Uhr morgens das Küchenlicht angeknipst wird, dann hat Maja Konrad vermutlich gerade eine spannende Geschichtenspur entdeckt, der sie nachgeht. Auf Spurensuche hat sie sich auch nach ihrem Studium des Tourismusmanagements begeben, als sie längere Zeit in Borneo gelebt und dort den Dschungel unsicher gemacht hat. Inspiration für ihre Geschichten findet sie auf den Straßen in ihrem Stadtviertel oder - wie Henrys Namen – gerne auch auf Klingelschildern.

Stefanie Jeschke studierte Visuelle Kommunikation an der Bauhaus-Universität in Weimar. Bereits während des Studiums illustrierte sie Kinder- und Jugendbücher für verschiedene Verlage. 2012 eröffnete sie dann ihr eigenes kleines Atelier für Illlustratives in der brandenburgischen Provinz. In der kleinen historischen Stadt Treuenbrietzen lebt und arbeitet sie in ihrem über 100 Jahre alten Haus.